인생
12개
학교

KB191889

인생의 단계마다 배워야 할 것이 있습니다

인생 12개 학교

홍정길 · 박남숙 지음

북클라우드

차 례

PART 1 부부의 삶

STEP 01 준비된 결혼
혼수보다 행복을 준비하라

STEP 02 행복한 부부의 소통법
사랑에도 기술이 필요하다

STEP 03 부모가 되기까지
아기를 만나기 위해 280일이라는 시간이 주어진 이유

"

말씀은 삶으로
드러나야 합니다

남서울은혜교회 원로목사 홍정길

"

CCC에서 전도자로 부름을 받아 9년간 학생들을 양육하고, 또 목회자로서 부르심으로 40년의 세월을 살아왔습니다. 지난 세월을 돌아볼 때 저의 삶은 구원에 대한 감사와 그것을 많은 사람들에게 전하고자 하는 열정의 시간들이었습니다.

1965년 7월 24일, 예수 그리스도를 나의 구세주와 주님으로 영접한 저는 너무 좋으신 그분 때문에 아침에 눈을 뜨는 것이 감사했고, 이처럼 찬란한 주님과 함께 어떻게 이날을 살 수 있을까 하는 감격으로 하루의 일과를 시작하곤 했습니다. 그리고 하루를 마칠 때면 크신 주님의 은총 속에서 또 하루를 지내는 축복을 받았다는 사실에 다시 감사를 드리곤 했습니다. 그래서 많은 사람들이 자신의 마음을 몰라서 그렇지 예수를 믿기만 하면 반드시 이 세상은 지상 천국이 된다고 믿었기에 저는 옆도 뒤도 돌아보지 않고 1966년이 되자 전도자의 길로 들어섰습니다.

1968년부터 CCC 총무로 일을 하였습니다. 그리고 곧 김준곤 목사님을 모시고 민족복음화 운동을 시작하면서 이 땅의 복음화를 위해 전심전력을 다하게 되었습니다. 우리가 열심히 기도했던 대로 5만 9천의 마을들이 복음으로 거의 다 세워지더니, 약 15년 후인 1980년대에 이르러서는 곳곳에 수많은 교회가 세워지고 백만 성도를 외치던 기도가 천만 성도를 바라보는 놀라운 응답으로 보여주셨습니다. 그러나 저의 믿음대로라면 교인들이 그처럼 몰려들고 교회 수는 많아졌으니 이제 이 땅이 천국이 되어야 했겠지만 도무지 이 땅에는 천국이 오지 않았습니다.

저는 고민이 되었습니다. 다시 기도와 말씀에 몰입하며 답을 찾던 중 '하나님의 말씀을 모르기 때문에 그리스도인들의 삶에 변화가 없다'는 것을 깨닫고, 당시 알게 된 제 생애 가장 소중한 믿음의 동역자들인 옥한흠, 하용조, 이동원 목사님과 함께 성경 공부와 제자훈련에 매진했습니다. 열심히 전도하고 복음을 전하며 양육을 잘 하면 이 땅에 곧 천국이 오리라 생각했습니다. 주의 말씀을 모르기에 우리 삶에 근본적인 변화가 없고 이 사회는 바뀌지 않는다는 믿음으로 온 힘을 다해 섬겼습니다.

처음에는 성경공부에 대해 회의적이던 많은 목사님들도 결국 저희와 함께 성경공부와 제자훈련에 매진하는 모습들을 보였습니다. 그래서 다시 한 번 '조금만 지나면 이 땅은 반드시 그리스도가 다스리는 나라가 될 것이다'라는 기대를 가졌습니다. 하지만 성경공부는 곳곳에서 많이 시행되고 있고 제자훈련에도 목숨을 건 노력으로 헌신하는 귀한 사역자들이 많이 있었지만, 결과적으로 교회의 문제는 더 깊어졌고 우리가 스스로 만족하지 못할 뿐 아니라 믿지 않는 사람들에게 교회가 비난과 조롱의 대상이 되는 것을 보았습니다.

무엇이 문제였을까요? 문제는 우리 그리스도인들에게 구체적인 삶이 없는 것이었습니다. 개신교는 말씀의 종교입니다. 불교는 항상 쉽게 되새길 수 있는 염불과 눈앞에 보이는 여러 형상들로 인해 가까이 보고 행하는 믿음이, 무슬림들은 하루에 5번씩 나침반으로 정확히 가리키며 메카를 향해서 절을 하는 습관이 곧 종교가 되었습니다. 그리고 천주교는 엄청난 문화유산을 보고 만지면서 내가 신앙 안에 있다는 확신을 갖습니다. 그렇게 비교해볼 때 개신교는 그중에서도 가장 소중한 하나님의 말씀만 붙잡는 종교인지라 여기에는 가시적인 것과 단순 반복 행위 같은 것이 없습니다.

그런데 여기에는 한 가지 문제가 있습니다. 말씀은 반드시 실제에 대응되는 실체가 있어야 합니다. 만일 그것이 없다면 의미를 가지는 단어도 아니고 개념도 아니며 단순히 울리는 소리에 불과합니다. 사도 바울은 「사랑이 없으면 소리 나는 구리와 울리는 꽹과리가 된다」(고린도전서 13:1)고 했습니다. 이는 가장 중요한 사랑이 없으면 아무 의미가 없다는 뜻입니다. 우리 눈앞에 보이는 의자라는 실물이 없다면 의자는 소리일 뿐인 것입니다. 이렇듯 성경의 귀한 말씀들이, 기록된 소중한 가치들이 눈앞에 보이고 만져지지 않으면 그것은 허구에 불과합니다.

또한 말씀은 '거룩'을 말합니다. 성도들의 삶 속에 거룩의 실제가 정말 없다면 그것은 말씀이 아닙니다. 요즘 대부분의 신학들은 실제를 말하는 것보다 많은 번세한 이론으로 말씀을 해석하여 기독교를 담론의 종교로 전락시키고 있습니다. 실제가 없는 수많은 이야기들, 여기까지만 가면 이만큼 해결될까요? 아닙니다. 거기까지 가면 반드시 그 논리는 모순이 생깁니다. 인간의 논리는 모든 것을 다 정확하게 표현하는 능력이 없습니다. 올더스 헉슬리Aldous Huxley, 1894-1963의 말처럼 '픽션은 언제나 논리적이고 합리적이지만 그 실제는 뒤죽박죽이고 모순적인 것'입니다. 모순적인 인생을 살면서 성경이 말하는 아름다운 가치들이 우리 삶 속에 구체적으로 드러날 수는 없는 것입니다.

그렇기 때문에 우리 개신교는 말씀을 떠나 그 실제가 드러나지 않으면 공허한 담론의 종교로 전락할 수밖에 없는 운명입니다. 유럽의 그 수많은 교회들이 지금 문을 닫는 이유와 개신교도들이 교회에 모여들 필요가 없는 것은 말씀의 실제가 없기 때문임을 오늘날 우리의 눈으로 보고 있습니다. 이것은 종교개혁 500주년을 맞이하는 개신교회 최대의 비극이 아닐 수 없습니다. 이런 어려운 현장을 눈앞에서 보면서 어떻게 우리 안에 실제가 있고, 우리 삶 속에 일어날 수 있는지에 대한 답을 찾기 시작한 지가 벌써 20년 전입니다.

이 문제를 놓고 함께 고민하던 저와 믿음의 동역자들은 성경에서 말하는 구체적인 삶의 품격을 그리스도인들의 삶 속에서 드러내고자 오랜 기도와 다양한 시도를 했습니다. 그렇게 시작하여 20년 동안 노력의 열매로 얻은 것이 바로 '생활훈련학교'입니다. 20년 전 시작된 이 생활훈련학교가 우여곡절을 겪고 여기까지 왔는데, 사실 저는 그 실제를 붙잡고 수고하고 애쓰느라 정리를 잘 하지 못하였습니다. 그러던 차에 생활훈련학교 디렉터인 박남숙 교수가 이 훈련의 내용들을 잘 정리하여 이번에 책으로 편찬하게 되었습니다. 이것은 단순히 강대상에서 공부하기 위해 만들어진 연구 자료가 아니라, 구체적으로 한 아이가 태어나서 주님 앞에 가기까지 「주의 말씀은 내 발의 등이요, 내 길의 빛」(시편 119:105)이라는 말씀을 좇아가는, 열두 단계로 실험해본 임상결과물들입니다.

물론 저희가 만든 것이 완전한 것이 아닙니다. 다만 그리스도인의 삶의 공허함을 어떻게 하면 극복할 수 있을지에 대한 몸부림입니다. 그리고 이론이 아닌 실제가 정말 우리 안에 있을 수 있는가에 대한 지난날의 해답을 찾는 노력들이었습니다. 비록 우리의 시작은 조촐하였지만 이 생활훈련학교를 통해 누린 큰 축복을 필요한 다른 교회에도 전달하는 것이 또한 의무라는 생각에, 주신 은혜를 나누려는 시도로 이 책을 출간하였습니다.

20년 동안 이 일을 위해 함께 노력해주신 남서울은혜교회의 교역자들과 평신도 헌신자 분들께 얼마나 감사한지 모르겠습니다. 이 일이 여러분의 삶의 자양분이 되어 조금이라도 말씀의 실제에 다가서는 단초가 된다면 더할 나위 없는 기쁨이겠습니다. 그리고 정성을 다하여 글을 정리해주신 박남숙 교수님의 수고에 감사드리며 이 일을 위해 함께 노력한 믿음의 동지들께도 감사를 드립니다.

"

'요람에서 무덤까지' 인생의 단계마다 배워야 할 것이 있습니다

생활훈련학교 총괄 디렉터 박남숙

"

삶은 끊임없는 성장과 성숙의 과정입니다. 사람은 어린아이로 태어나 어른으로 성장해가며, 어른으로 성숙한 다음에는 또다시 다음 세대의 성장을 위해 헌신하는 순환 과정을 이어갑니다. 한 사람의 출생과 성장은 '가족' 안에서 이뤄집니다. 가족 안에서 태어나 가족 안에서 성장하고, 성인이 되면 가족을 떠나 또 하나의 새로운 가족을 이루게 됩니다. 가정은 하나님이 세우신 가장 중요하면서도 기본이 되는 공동체입니다. 현대의 신학과 심리학, 교육학의 관점이 일치하는 부분이 있다면 인간의 사회 심리적 인격적 영적인 성장 발달에 절대적 영향을 미치는 곳이 바로 가정이며 부모라는 사실일 것입니다.

성경에는 야곱의 잉태와 출생, 성장 과정, 부모를 떠나 가족을 이루고 정착하는 과정, 인생의 위기를 통해 신앙적 인격적으로 성숙해가는 과정, 노년기와 임종에 이르기까지 그의 전 생애가 상세히 기록되어 있습니다. 야곱의 인생 여정을 한마디로 요약하자면 '하나님이 친히 가르치고 훈련시키신 삶'이라고 할 수 있습니다. 출생에서 죽음에 이르기까지 하나님께서 계획하고 함께하셨으며, 인생의 고비마다 개입하고 이끌어주신 삶을 산 사람, 그야말로 생활훈련을 철저히 경험한 사람이 바로 야곱입니다. 그 결과 그는 마침내 성숙한 신앙과 인격을 지닌 사람으로 성화되었습니다.

「오직 성령의 열매는 사랑과 희락과 화평과 오래 참음과 자비와 양선과 충성과 온유와 절제」(갈라디아서 5:22-23)라고, 성숙한 인격에 대해 성경은 말하고 있습니다. 사랑과 기쁨으로 충만하며, 갈등을 평화롭게 해결하고 인내심이 많으며, 선하고 헌신되고 온유하고 절제를 잘 하는 균형 잡힌 인격을 가진 사람, 이 얼마나 멋지고 매력적인 사람입니까. 이런 사람은 그 자체로 하나님의 성품을 드러냅니다. 「이는 하나님의 사람으로 온전하게 하며 모든 선한 일을 행할 능력을 갖추게 하려 함이라」(디모데후서 3:17). 이런 성품을 지닌 그리스도인들은 세상에 선한 영향력을 미치는 축복의 통로가 될 수 있을 것입니다.

야곱의 생애에서 볼 수 있듯이, 인간의 성장 발달은 몇 단계의 과정을 거칩니다. 영유아기·아동기·사춘기·청년기·장년기·노년기 등의 단계를 거치며, 각 단계마다 반드시 배워야 할 것이 있습니다. 이것을 '발달과업'이라고 하는데, 배워야 할 것을 '제때' 배워야 잘 자랄 수 있습니다. '때'를 놓쳤을 경우, 즉 그 시기에 해야 할 숙제를 제때 하지 못한 경우 이후의 성장에 브레이크가 걸립니다. 우리나라의 많은 가정들이 부부와 자녀 문제로 어려움을 겪는 이유는 바로 단계마다 배워야 할 것을 제때 배우지 못했기 때문입니다.

또한 '때when'에 못지않게 중요한 것이 방법, 즉 '어떻게how'입니다. 부부나 자녀들이 가족 안에서 사랑이 부족하다고 느끼는 것은 사랑을 표현하는 방법이 잘못되었기 때문입니다. 부모로서 실패하는 것은 자녀를 사랑하지 않아서가 아니라 제대로 사랑하는 방법을 모르기 때문입니다. 부모 역할은 '전문성'을 필요로 합니다. 어린 자녀에서 청년기 자녀에 이르기까지 각 발달 단계에 따른 자녀의 특성을 이해하고, 어떻게 자녀와 잘 소통하고 관계를 맺는지 방법을 알아야 합니다. 많은 부모들이 자녀를 잘 키우고 싶어 하지만, 알고 있는 양육 방법은 과거에 부모로부터 보고 배운 것이 전부인 경우가 많습니다. 이중에는 잘된 부분도 있지만 잘못된 부분, 고치고 개선해야 할 부분도 많습니다. 새로운 방법을 배우고 훈련하지 못했을 때 과거의 경험은 우리 안에 낡은 지도가 되어 새로운 목적지를 향해 가는 데 방해가 됩니다.

이 같은 훈련의 필요성을 느끼고 홍정길 목사님은 일찍이 교회 안에서 가정을 세우는 부모 교육과 부부 교육에 심혈을 기울이셨습니다. 현재 남서울은혜교회는 '요람에서 무덤까지', 사람의 생애발달단계에 따른 12개의 생활훈련학교를 운영하고 있습니다. 생활훈련학교의 모토는 '가정'입니다. 성경의 가르침을 가정이라는 삶 속에서 구체적으로 실천하도록, 즉 '말씀이 삶이 되도록' 부부를 세우고 부모를 훈련하는 곳입니다. 12단계 생활훈련학교는 20여 년에 걸쳐 완성된 홍정길 목사님의 목회의 결실입니다. 생활훈련학교의 지향점은 자녀가 하나님과 인격적인 관계를 맺도록 부모가 통로의 역할을 하며, 자녀가 성령의 9가지 열매처럼 아름다운 성품으로 자랄 수 있도록 부모를 세우고, 부모 역시 이런 모습이 되어가는 것을 목표로 합니다.

이 책은 인간의 성장 발달을 전 생애적 관점에서 조망해봄으로써, 한 사람이 아이로 태어나 어른으로 성장하기까지 인생의 각 단계에서 배워야 할 것이 무엇인지 알고 잘 배울 수 있도록 도움을 주고자 하는 바람으로 씌었습니다. 그리하여 시행착오를 줄이고 문제를 예방하며, 성숙하고 균형 잡힌 인격으로 성장해나갈 수 있도록 하기 위함입니다. 또한 자녀를 반듯하고 우수하게 잘 키우고자 했던 열심이 지나쳐 엄격하게만 대했던 부모, 배우자에게 좋은 의도를 가지고 대했지만 방법이 잘못되어 마음과는 달리 한참 멀어지고 어긋난 관계로 힘들어하는 부부, '좀 더 일찍 알았더라면' 하고 때를 놓쳐 후회하는 가족들에게 관계를 회복할 수 있는 방법을 배우는 길잡이가 될 수 있기를 희망합니다.

이 책은 '부부의 삶, 부모의 삶, 중년의 삶, 삶의 후반기'라는 네 파트로 나뉘어져 있습니다. '부부의 삶'에서는 가정의 시작과 부모가 되기까지의 준비 과정이 나옵니다. '부모의 삶'에서는 어린 자녀에서부터 청년기 자녀에 이르기까지 자녀의 발달 단계별 부모 역할을 다루었습니다. '중년의 삶'과 '삶의 후반기'는 중년 이후의 삶에 관한 이야기입니다. 각 장의 내용은 각 단계별 학교에서 다루는 내용 중 가장 대표적인 주제를 담고 있습니다.

이 책이 나오기까지 후원해주신 남서울은혜교회 박완철 담임 목사님께 감사드립니다. 또 여러 아이디어를 내주시고 기도로 함께해주신 생활훈련학교 동역자분들께 감사의 마음을 전합니다. 많은 수고를 해주신 헬스조선 임호준 대표님, 북클라우드 김소중 편집장님과 박현주 팀장님께도 감사의 마음을 전합니다.

PART

1

부부의 삶

STEP
01

준비된
결혼

혼수보다 행복을 준비하라

> ❝
>
> 이러므로 남자가 부모를 떠나 그의 아내와 합하여
> 둘이 한 몸을 이룰지로다.
>
> **창세기 2:24**
>
> ❞

하나님께서는 사람을 창조하실 때 어린아이가 아닌 결혼 적령기의 아담과 하와로 만드셨습니다. 남자와 여자가 만나 사랑으로 가정을 이루는 결혼은 우리가 성숙한 인생을 설계하는 첫 단계라 할 수 있습니다. 그러므로 행복하고 성공적인 결혼 생활을 위해 필수적으로 준비해야 할 혼수품은 바로 부부 관계에 대한 하나님의 설계도를 아는 것입니다.

"여자친구와 사랑은 하지만 막상 결혼을 생각하면 두려운
마음이 들어요."
"남편은 대학선배로 만나 한눈에 반해 결혼했는데 결혼생
활이 힘들어요."

사랑하지만 결혼은 두렵고, 결혼은 했지만 행복하지 않은 커
플들이 주변에 많이 보입니다. 왜일까요? 사랑한다고 해서 모두
결혼에 이르게 되는 것은 아니고, 사랑이 행복한 결혼생활을 보
장하지 않는다는 사실은 결혼에 대해 무엇을 말하는 것일까요?
흔히들 안정을 얻기 위해 결혼을 한다고 하는데 그것은 맞는 말
일까요?

사랑하는 사람과 평생을 함께한다는 것은 어느 면에서 안정
감을 줄 수도 있지만 이런 관계를 평생 지속해나간다는 것은 커
다란 '도전'도 포함하는 것입니다. 결혼은 관계에 대한 헌신과
책임감을 요구하는 일입니다. 결혼은 성장이며, 결혼에 대한 결
심은 성장을 향한 도전을 기꺼이 감수하겠다는 결단을 필요로

합니다. 성장의 결실은 달지만 성장에 따르는 고통, 즉 성장통이 따르는 것이 결혼의 현실입니다. 안정만을 원하는 사람은 결혼이라는 도전을 받아들이기 쉽지 않습니다. 그러나 요즘의 젊은이들 중에는 사랑의 달콤함은 원하지만 사랑에 따르는 고통은 회피하려는 사람들이 많습니다.

하나님께서는 사람을 창조하실 때 어린아이가 아닌 결혼 적령기의 아담과 하와를 만드셨습니다. 「하나님이 자기 형상 곧 하나님의 형상대로 사람을 창조하시되 남자와 여자를 창조하시고」(창세기 1:27), 이 말씀은 결혼이 성숙한 남자와 여자의 만남으로 이루어지는 것임을 말해줍니다. 그러므로 행복한 결혼생활을 하기 위해서는 먼저 성인으로서의 인격적인 성장과 성숙이 필요합니다. 성인이 된다는 것은 부모에 대한 의존이나 간섭으로부터 벗어나 앞으로 어떤 일을 할지, 누구와 결혼을 할지 등자신과 관련된 중요한 결정을 자기 스스로 내리고, 그 결정에 책임을 지는 주체적인 삶을 살 수 있는 능력을 갖추게 됨을 의미합니다.

"당신 없이는 난 못살아."

남자와 여자가 서로에 대한 사랑을 고백할 때 하는 말입니다. 과연 맞는 말일까요? 이런 사랑은 의존적인 사랑이고, 의존적인 사랑의 결말은 서로를 성장시키기보다 구속하고 각자의 독립된 인격을 질식하게 만듭니다. 이런 사랑은 의존 대상을 부모에서 배우자로 대체한 것일 뿐입니다. "당신이 없으면 나는 못살아"가 아닌, "나는 당신과 함께할 수 있어서 더욱더 행복합니다"여야 합니다. 아니 "나는 혼자일 때보다 당신과 함께할 수 있어서 더 행복합니다", 이것이 정확한 표현일 것입니다.

결혼을 하기 위한 첫 번째 준비는 부모에 대한 의존에서 벗어나 홀로서기를 할 수 있는 능력입니다. 「이러므로 남자가 부모를 떠나 그의 아내와 합하여 둘이 한 몸을 이룰지로다」(창세기 2:24). 이 말씀처럼 부모를 떠난다는 것은 경제적인 면에서뿐만 아니라 정서적 사회적 신앙적인 면에서도 홀로서기가 되어야 한다는 것을 의미합니다.

먼저 경제적인 면에서 자립할 수 있어야 합니다. 경제적인 면에서 부모의 지원을 받게 되면 정서적인 면에서 부모로부터 독립하기가 쉽지 않습니다. 정서적인 면에서도 지금까지는 부모의 인정과 사랑과 지지를 필요로 했다면, 이제부터는 배우자로부터 필요를 충족해야 합니다.

우리나라 결혼 적령기의 청년들을 보면 경제적인 독립의 필요성은 인정하지만 정서적인 독립에 대해서는 별로 생각하지 않는 경우가 많습니다. 결혼하고 나서도 여전히 부모에게 기대거나 부모의 인정을 받기 위해 애쓰는 아들과 딸로 살아가는 남편과 아내가 많습니다. 부모의 입장에서도 자녀의 결혼을 '성인 남녀가 만나 이루는 새로운 가족의 탄생'으로 생각하기보다는 대를 이어간다는 의미로 받아들이는 유교적 잔재가 남아 있습니다.

성경에 나오는 이삭과 리브가의 만남을 살펴보면 두 사람은 모두 인격적으로나 사회적으로, 또한 신앙적으로 두루 성숙한 준비된 사람들이었습니다. 이삭은 「들에 나가 묵상하다가」(창세기 24:63)라는 표현에서도 알 수 있듯이 매우 경건한 사람이었습니다. 리브가 역시 물을 긷는 일상생활에 충실했으며, 물동이의 물을 조금 달라는 요청에 낙타까지도 흔쾌히 물을 마시게 하는 행동에서 볼 수 있는 것처럼, 다른 사람의 필요에 민감하고 그 요청에 기꺼이 응하는 상냥하고 친절한 사람이었습니다. 또한 결혼을 위해 가족들의 만류에도 불구하고 「가겠나이다」 하고 즉시 떠나기를 결심할 만큼 결단력 있고, 정서적인 면에서도 부모를 떠날 수 있는 주체적인 사람임을 알 수 있습니다 (창세기 24).

이처럼 행복한 결혼생활을 위한 준비로서 인격적으로 사회적으로 정서적으로 신앙적으로 홀로서기를 할 수 있고, 또한 각 영역에서 두루 성숙하고 성장해가는 노력이 필요합니다. 각자가 속해 있는 가정이나 교회공동체, 직장에서의 인간관계나 일에 충실한 사람들은 이미 결혼생활을 위한 준비를 착실히 해나가고 있다고 할 수 있습니다.

각자 따로가 아닌,
둘이 하나 될 때 진정한 성장이 있습니다

「사람이 혼자 사는 것이 좋지 아니하니」 (창세기 2:18)
「그러므로 사람이 부모를 떠나 그의 아내와 합하여 그 둘이
   한 육체가 될지니 이 비밀이 크도다」 (에베소서 5:31-32)

사람은 혼자서는 성장도 성숙도 불가능합니다. 성경은 사람이 혼자 사는 것이 좋지 않다고 말합니다. 사귐이 필요합니다. 짝이 필요합니다. 성장하기 위해서는 다른 사람과의 진실한 만남을 통한 이해와 수용, 존중이 필요합니다. 이해와 수용, 존중, 이것을 통틀어 넓은 의미의 사랑이라고 할 수 있습니다. 사람은 사랑을 받아야만 성장할 수 있습니다. 깊이 사랑하고 사랑받을 때 내적인 변화가 일어납니다.

둘이 따로가 아니라 하나가 될 때 경험하게 되는 비밀이 크다고 성경은 말하고 있는데, 실제로 미시간대학교의 연구결과에 따르면 부부 사이에 이해와 존중과 사랑이 있는 행복한 결혼생활은 사람의 신체건강, 즉 면역력을 높이고 수명도 연장시키는 것으로 나타났습니다.

둘이 하나가 될 때에 더 큰 하나가 됩니다. 여기서 두 사람이 한 몸이 된다는 것은 내 존재가 완전히 없어져서 다른 사람에게 종속되어 살아간다는 의미가 아닙니다. '나'와 '너'가 만나서 '우리'라는 연합체를 탄생시키는 것입니다. 불완전한 두 사람이 만나 온전한 하나를 이뤄가는 것입니다. 그래서 배우자를 선택하는 과정을 보면 자신에게 없는 점에 매력을 느껴서 결혼하게 되는 경우가 많습니다.

혼자서는 들 수 없는 것도 둘이서는 들 수 있고, 혼자서는 얼마 못 가도 둘이 가면 더 멀리 갈 수 있는 시너지가 생기게 됩니다. 배우자라는 거울을 통해 내가 누구인지 더 확실해지며 새로운 나를 발견하게 됩니다. '결혼은 자기 자신과 배우자를 끊임없이 발견해가는 위대한 모험'이라고 스위스의 의사이자 상담가인 폴 투르니에Paul Tournier, 1898-1986는 말했습니다.

사랑하기 위해서는
이해해야 합니다

사랑하기 위해서는 나를 이해해야 하고 상대방을 이해해야 합니다. 이해받는다고 느낄 때 사랑받는다고 느끼게 됩니다. 이해받을 때 자신감이 생기고 반대로 오해받으면 자신감이 상실됩니다.

먼저 나의 장점과 배우자의 장점을 이해하고 인정하고 존중해야 합니다. "나는 당신이 내 이야기를 끝까지 잘 들어줄 때 즐겁고, 배려할 때 고맙고, 무엇이든 열심히 하는 모습이 자랑스럽고, 거침없이 당당한 모습이 사랑스럽다" 등 상대방의 좋은 점과 좋은 습관, 행동 등에 대해 충분히 알고 인정해주어야 합니다. 이해받고 인정받을 때 사랑받는다고 느끼고, 사랑받을 때 자존감이 고양됩니다.

또한 나의 좋은 면을 상대방이 느낄 수 있도록 행동으로 표현하는 것과 동시에 말로도 표현해야 합니다. "나는 이런 점이 가장 나다운 면이고 나만의 장점이라고 생각해." 그리고 서로의 좋은 면에 대해 나누고 확인하는 것이 필요합니다. "당신은 나의 어떤 면이 좋아?", "나의 매력은 어떤 거지?", "응, 당신의 매력은 솔직함이야", "난 당신의 열정적인 면에 끌렸어. 나에게는 없고 당신에게만 있는 특별한 점이야."

두 번째로 나와 배우자의 단점 또한 그대로 인정하고 받아들여야 합니다. "연애할 때는 매우 배려심이 많은 사람인 줄 알았는데 결혼해서 보니 정말 쪼잔하고 소심해서 답답해요", "적극적이고 주도적이어서 마음에 들었는데 알고 보니 매우 고집스런 사람이더라구요."

많은 커플들이 결혼 후에 배우자의 변한 모습에 실망했다는 말을 하는데 사실은 변한 모습이 아니라 장점이 곧 단점이 될 수도 있음을 알아야 합니다. 심한 경우에는 결혼하고 나서 다른 사람이 되었다고 하거나 결혼 전에 내가 알았던 사람이 아니라고 느끼기도 합니다. 이는 상대방을 있는 모습 그대로가 아니라 내가 바라는 모습을 상대방에게 덧씌워 보았기 때문인 경우가 많습니다. 특히 자신감이 결여되었거나 자존감이 낮은 사람일수록, 자신에게 부족한 면을 상대방이 가지고 있다고 착각하는 경우가 많습니다. 상대방에 대한 기대가 클수록 결혼한 후에는 실망하게 되고, 열등감이 많을수록 배우자를 있는 모습 그대로 수용하지 못하고 깎아내리는 등 평가절하 하게 됩니다.

「아담과 그의 아내 두 사람이 벌거벗었으나 부끄러워하지 아니하니라」(창세기 2:25). 성경은 아담과 하와가 벌거벗었으나 부끄러워하지 않았다고 말합니다. 배우자의 연약한 모습이나 결점을 지적하고 바꾸려고 하기보다는 현재의 모습 그대로 이해하고 받아들이고 부족함을 채워주려고 노력하는 모습입니다. 상대방을 '변화시키려는 시도'보다 더 큰 변화는 있는 모습 그대로 '수용'하는 것입니다. 많은 커플들이 내 마음에 안 드는 상대방의 행동이나 모습을 바꾸려고 하다가 싸우고 더 큰 심리적 저항에 부딪히게 됩니다. "아내가 나를 바꾸려고 잔소리를 하면 할수록 더 아내가 싫어하는 행동을 고집하게 돼요. 오히려 아내가 나를 믿어주고 받아줄 때 잘하고 싶은 마음이 들고 실제로 더 잘하게 돼요." 어느 남편의 고백입니다.

세 번째로 서로의 차이에 대해 이해하고 인정해야 합니다. 「하나님이 자기 형상 곧 하나님의 형상대로 사람을 창조하시되 남자와 여자를 창조하시고」(창세기 1:27). 성경에는 하나님이 남자와 여자를 다르게 창조하셨다고 말합니다. 남자와 여자는 생물학적인 면에서 다르며, 관계 맺는 방식이나 정서적인 욕구 등에서도 차이가 드러납니다. 그래서 남자는 여자를 완전히 이해할 수 없으며 여자도 남자를 완전히 이해할 수 없다는 것이 맞는 말일 수도 있습니다. 그만큼 남자와 여자의 차이는 사람들이 생각하는 것보다 훨씬 더 클 수 있음을 알아야 합니다. 이런 차이를 이해하고 인정하며, 서로 맞추어나가려는 노력이 필요한 이유입니다.

심리학자 칼 융Carl Jung, 1875-1961은 남녀 차이에 대해 이런 재미있는 비유를 들어 설명했습니다. "남자는 불을 태우는 데 사용하고, 여자는 불을 따듯하게 덥히는 데 사용한다. 남자는 칼을 찌르는 데 사용하지만, 여자는 칼을 결단하는 데 사용한다." 여자들은 대화를 할 때 "그렇구나. 당신 마음이 그런 거였구나" 이렇게 마음을 이해받고 수용해주는 '공감적 대화'를 원하지만, 남자들은 "그게 아니라 이렇게 해야 해" 하는 '문제해결적 대화'의 방식을 취합니다. 이런 차이를 인정하지 않고 대화를 하면 '서로 말이 안 통하는구나' 하고 점점 대화를 안 하게 되고 마음의 문을 닫게 됩니다. 이것은 성性에 관한 문제에도 영향을 끼칩니다. '부부의 성'은 흔히들 '몸으로 하는 대화'라고 하는데, 남성들은 정서적인 교감이 없어도 성적인 욕구를 느낄 수 있지만 여성들은 일단 정서적인 교감이 이루어져야 성적인 욕구를 느끼기 때문입니다.

성격 차이 때문에 힘든 것은
당연한 이야기입니다

과일의 맛과 향이 제각기 다르듯이 사람의 성격도 저마다 다르고, 각 성격 유형이 가지고 있는 장점과 단점도 다릅니다. 연애할 때는 서로 다른 점에 매력을 느끼지만, 결혼 후에는 그 때문에 힘들어 합니다. 예를 들어 외향적인 아내는 내향적인 남편을 볼 때 '저 사람은 늘 집에서 하는 일 없이 빈둥거리기만 해. 정말 게으른 사람이야. 답답해 미치겠어!' 이렇게 생각하는데, 내향형인 남편은 '아무것도 안 하고 빈둥거리는 것'이 아니라 '생각하느라' 바쁩니다. 그의 머릿속은 늘 생각으로 가득 차 있습니다. 이런 남편은 분주한 외향형인 아내를 보며 속으로 '저 사람은 늘 분주해. 도대체 저렇게 쓸데없는 일을 왜 만들어서 하는 걸까. 아! 정말 피곤해' 이렇게 생각합니다. 서로 다른 성격에 대한 이해가 부족할 때 남편과 아내 두 사람의 마음속에는 불만이 쌓여갑니다.

부부가 살 집을 고를 때에도 직관형인 남편은 딱 보고 '좋다'는 감이 오면 바로 결정을 하자고 합니다. 반면에 감각형인 아내는 꼼꼼하게 이것저것 따져보고, 어느 하나가 마음에 들면 다른 것이 마음에 걸려서 쉽게 결정 내리기를 어려워합니다. 이때 남편은 아내를 보며 '아휴 힘들다!' 이러고, 반대로 아내는 남편을 향해 '어휴 저 사람은 왜 저렇게 신중하지 못하고 충동적일까. 못 믿겠어. 중요한 결정을 할 때 못 맡기겠어. 이제부터는 내가 해야지' 이런 생각을 하게 됩니다.

같은 상황에서도 이런 성격 차이를 이해하고 인정하게 되면, 남편은 아내에 대해 '아내는 신중하고 꼼꼼해서 내가 미처 생각하지 못했던 점도 챙기는구나' 하고, 아내는 남편에 대해 '나는 너무 세심해서 나무 하나하나를 보느라 전체 숲을 못 보는데, 남편은 전체를 보는 통찰력이 있구나' 이렇게 상대방을 인정하게 됩니다.

그러므로 우리가 결혼을 위해 준비해야 할 것은 값비싼 혼수품이 아니라 가정에 대한 하나님의 청사진을 알고 행복한 부부관계를 만들어갈 수 있도록 우리 자신이 준비되는 것입니다. 브루노 베텔하임 Bruno Bettelheim, 1903-1990은 우리가 잘 알고 있는 이야기 〈미녀와 야수〉를 통해 결혼에 대한 재미있는 비유를 했습니다. 미녀는 어느 날 집을 떠나 자신이 알지 못하는 미지의 세계, 곧 야수가 살고 있는 성에 들어갑니다. 미녀는 야수를 좋아하게 되지만 집에 남겨진 아버지를 잊지 못하고 다시 아버지의 집으로 돌아옵니다. 미녀가 아버지의 집으로 돌아오자 야수는 병이 나고 맙니다. 미녀가 야수를 좋아하지만 아버지를 완전히 떠나지 못하고 아버지와 야수 사이에서 갈등할 때 야수는 병이 납니다. 부모를 떠나지 못할 때 부부는 건강한 관계가 되지 못함을 말해줍니다. 즉, 부모를 떠나지 못할 때 부부는 진정한 하나가 될 수 없음을 비유로 말해줍니다.

야수가 병이 난 것을 알게 되자 미녀는 아버지의 집을 떠나 야수의 곁으로 돌아옵니다. 미녀는 야수가 사람이 되었을 때 사랑하게 된 것이 아닙니다. 미녀가 야수의 있는 모습 그대로를 수용해주었을 때에 야수는 비로소 사람이 됩니다. 사랑은 상대방을 내 기대에 맞추어 변화시키려고 하는 것이 아니라 있는 모습 그

대로 수용하는 것이라는 뜻입니다. 있는 모습 그대로 사랑할 때
상대방에게서 진정한 변화가 일어납니다. 야수가 변해서 멋진
왕자가 되는 것처럼 말입니다. 이렇게 사랑은 상대방을 변화시
키고 성장시키는 진정한 힘의 원천입니다. 성장과 사랑은 불가
분의 관계에 있습니다. 사랑받아야 성장합니다.

결혼은 하나님 앞에서
두 남녀가 전 생애를 함께하기로 언약하는
전 인격적인 헌신 관계입니다.

STEP 02

행복한 부부의 소통법

사랑에도 기술이 필요하다

미련한 자는 명철을 기뻐하지 아니하고 자기의
의사를 드러내기만 기뻐하느니라.

잠언 18:2

결혼을 했다면 이제 부부 관계의 기초를 쌓아갈 단계입니다. 결
혼 생활의 기초는 배우자를 존중하고 사랑하는 것입니다. 경청
과 공감적 대화 방식은 부부 갈등을 예방하고 부부의 친밀감을
높이는 좋은 소통의 도구가 될 것입니다.

사랑은 올바른 방식으로
표현되어야 합니다

"남편과 깊은 얘기가 안 돼요. 내가 얘기할 때 남편은 딴생각을 하고 있거나 엉뚱한 소리를 잘해요. 각자 딴소리하고요. 동문서답이죠. 이런 패턴이 반복되다 보니까 이 사람하고는 말이 안 통하는구나 체념하게 되죠."

"아내는 나한테 하고 싶은 말 다 해요. 나는 아내한테 하고 싶은 말 다 못하고 살아요. 아내는 내가 듣기 싫은 말을 하면 금방 냉랭해져요. 하고 싶은 말이 있어도 아내 눈치를 보게 되죠. 그러다 보니 쌓이게 되고, 참다 보면 별거 아닌 일에도 짜증을 내는 식으로 터져나오죠."

「아내들이여 자기 남편에게 복종하기를 주께 하듯 하라」(에베소서 5:22) 그리고 「남편들아 아내 사랑하기를 그리스도께서 교회를 사랑하시고 그 교회를 위하여 자신을 주심 같이 하라」(에베소서 5:25), 이 말씀처럼 남편을 존중하고 아내를 사랑하는 것이 결혼생활의 기초입니다.

그러면 남편은 아내가 나를 존중한다는 것을 어떻게 알 수 있을까요? 아내는 남편이 나를 사랑한다는 것을 어떻게 느낄 수 있을까요? 이래라 저래라 하는 잔소리나 "내 말대로 해" 하는 통보식의 말투로는 사랑받고 존중받는다는 느낌을 갖기가 어렵겠지요. 도리어 나를 무시하고 함부로 대한다고 생각하게 될 것입니다. 사랑은 거창한 행동을 통해서가 아니라 부부가 일상생활에서 주고받는 사소한 말투나 대화 방식을 통해 확인됩니다. 소통에는 기술이 필요하고, 소통의 기술이 곧 사랑의 기술이라고 할 수 있습니다.

마음이 만나는 대화가 필요합니다

"모든 아내의 문제는 남편이 내 마음을 모른다는 데 있습니다. 모든 남편의 문제 또한 아내가 내 마음을 몰라준다는 데 있습니다."

배우자가 내 마음을 알아주기를 모든 부부가 바라지만, 막상 내가 배우자의 마음을 알아주는 데에는 매우 서툽니다. 이것은 비단 부부 간의 문제일 뿐만 아니라 오늘날 많은 사람들의 문제이기도 합니다. 사람들이 내 마음을 알아주기를 바라지만 정작나는 다른 사람의 마음을 아는 데 서툽니다. 어느 심리학자는 우리가 사는 이 시대를 가리켜 '공감부재', 더 나아가 '공감불능'의시대라고 말하기도 했습니다.

인간의 사회심리적 성장은 다른 사람들이 내 마음을 알아주고 공감해줄 때 가능합니다. 요즘 지적인 면에서는 매우 똑똑하지만 정서적인 면에서는 미숙한 사람들을 많이 봅니다. 마음은다른 사람의 마음을 먹고 자랍니다. 다른 말로 하면 타인의 공감을 통해 내 마음의 힘이 생긴다는 의미입니다.

부부가 둘이 '한 몸'을 이룬다는 것은 '마음이 하나 되는' 것을의미합니다. 부부가 마음이 하나 될 때 혼자서는 할 수 없는 많은 것들을 해내는 경험을 합니다. 반대로 마음이 갈라질 때 부부는 힘을 발휘할 수 없습니다. 성경에서는 마음의 중요성을 강조하고 있습니다. 「모든 지킬 만한 것 중에 더욱 네 마음을 지키라. 생명의 근원이 이에서 남이니라」(잠언 4:23). 이토록 중요한 마음이 하나 되기 위해서는 마음을 나누고 소통해야 합니다.

마음은
말해야 압니다

"당신이 나를 사랑한다면 내가 굳이 말하지 않아도 다 알아
줘야 하는 것 아냐?"

많은 부부들이 신혼 초에 배우자에 대해 이런 기대를 합니다.
기대는 곧 실망으로 이어지고 "내 마음을 이토록 모르다니, 당
신 나 사랑하는 것 맞아?" 이런 다툼으로 끝나게 됩니다. '사랑한
다면 굳이 말을 안 해도 내 마음을 알아줘야 한다', 이것은 한마
디로 오해입니다. 말 못하는 유아들에게나 통하는 말입니다. 유
아들은 말을 못하기 때문에 엄마가 얼굴만 보아도 아이의 마음
상태를 알 수 있어야 합니다. 그러나 성인들에게는 안 통하는 말
이지요. 이해받기를 원한다면 내 마음을 표현해야 합니다. 성직
자이자 심리학자인 존 포웰John Powell은 대화를 다음과 같이 '5
수준'으로 나누고 있습니다.

1수준 "다녀와요, 여보!", "응, 다녀올게."
이처럼 형식적이고 의례적인 말을 주고받는 것을 1차원적 대

화라고 합니다. 1차원의 대화는 다른 사람과 관계를 시작하거나 열어갈 때 하는 대화입니다.

2수준 "오늘 당신 뭐할 거요?", "난 오늘 좀 늦어요."
객관적인 정보나 자료 혹은 필요한 지식 등을 주고받는 사실 위주의 사무적인 대화를 2차원적 대화라고 합니다.

3수준 "당신 요즘 늦게 들어오는 날이 많아요", "당신이 그 일을 잘 해냈군요."
자신의 솔직한 생각을 상대방에게 표현하는 대화로, 가깝고 신뢰하는 마음이 있을 때 가능합니다.

4수준 "당신이 늦게 들어오는 날이 많아 난 속상해요", "당신이 그 일을 잘 해내서 아주 기분이 좋아요."
상호 간에 진술한 느낌이나 감정을 자발적으로 표현하는 대화를 4차원의 대화라고 합니다. 이 수준의 대화야말로 마음과 마음을 나누는 대화이며, 서로 정서적인 교감을 나눌 수 있는 대화입니다.

5수준 "아" 하면 "어" 하는 것처럼, 주파수가 같은 소리굽쇠 두 개를 놓고 어느 하나를 때리면 두 개가 같이 우는 '공명 현상'처럼, 부부가 이심전심으로 통하고 공감하는 가장 깊은 단계의 대화를 5차원의 대화라고 합니다.

포웰에 의하면 의미 있는 관계가 되려면 3차원 이상의 대화를 주고받아야 합니다. 서로의 생각을 나누고 마음을 나눌 때 비로소 의미 있는 관계가 되며, 이런 관계를 통해 서로에게 영향을 주고받을 수 있는 성장하는 관계가 가능합니다. 부부가 평소에 서로의 생각과 마음을 나누는 대화를 자주 하게 되면, "아" 하면 "어" 하는 것처럼 깊이 교감하는 단계가 됩니다.

그러면 부부 사이에 '성공하는 대화'와 '실패하는 대화'의 차이점은 무엇일까요? "당신은 욱하는 게 문제야." 실패하는 대화의 가장 큰 특징은 상대방을 비난하거나 비판하거나 공격하는 말입니다. "내가 화를 내는 것은 당신이 먼저 화를 냈기 때문이야." 이처럼 공격받는다고 느끼면 방어적이 되어 되받아치게 됩니다. 두 번째는 상대방의 말을 잘 듣지 않고 설득하려는 말입니다. "내 말은 그게 아니고…." 이런 식으로 자신을 방어하거나 합리화하려고 할 때 상대방은 마음이 상하고, 이런 일이 반복되다 보면 마음의 문이 닫혀버리게 됩니다. 세 번째는 자신의 사적인 경험이나 감정을 말하지 않는 경우입니다. 보통 남편들이 이런 경우가 많은데, 이럴 때 아내는 답답해서 넘겨짚거나 오해를 하게 됩니다.

'성공하는 대화'를 하는 사람들을 보면 상대방을 비난하지 않는 방식으로 자신의 감정을 표현합니다. "지금 나는 이런 마음이야", "지금 내 기분이 이래." 이런 식으로 표현하면 방어적이 되지 않고 상대방의 마음을 받아주기 쉬워집니다. 따라서 문제와 관련된 감정을 더 잘 다룰 수 있게 됩니다.

상대방을 비난하지 않고 자신의 감정이나 바람을 진솔하게 표현하는 방법을 '나-전달법'이라고 합니다. "당신이 나를 화나게 해", "당신이 나를 속상하게 만들어" 대신 "나는 당신이 이럴 때 화가 나요", "나는 이럴 때 속상해요" 이렇게 상대방을 비난하지 않고 내 마음을 솔직하게 말하는 것만으로도 부부 관계는 많이 개선될 수 있습니다. '나-전달법'의 구체적인 가이드라인은 다음과 같습니다.

1 상대방을 비난하는 대신 나의 감정, 생각만을 말합니다.
"당신은 도대체 시간관념이라곤 없어요." ⇨ "당신이 약속시간에 늦으면 (나는) 짜증이 나요."

2 현재의 감정에 초점을 맞추어 나 자신의 중요한 감정, 생각, 관심, 욕구가 무엇인지 살피고 그것을 말합니다. 만약 과거나 미래의 감정에 대해서 말하고 싶으면 그것이 현재의 감정과 어떻게 연결되는지 말합니다.
"모든 집안일을 내가 다 알아서 처리해야 한다는 것이 힘들어요. 그러니까 당신의 도움이 필요해요."

3 상대방에게 원하는 행동에 대해 구체적으로 말해야 합니다. 상대방의 행동이나 성격, 동기와 의도에 대해 일반화하는 것을 피합니다. (예를 들어 '언제나, 결코, 절대로, 한 번도, 게으르다, 가볍다, 무책임하다' 등과 같은 말을 삼갑니다.)
"당신은 너무 게을러요." ⇨ "당신이 청소를 도와주었으면 좋겠어요."
"당신은 언제나 나를 무시하지." ⇨ "내 얘기를 다 들어보려고도 하지 않고 말을 가로막으니 정말 속상했어요."

4 상대방과 관련된 부정적 감정 이면의 긍정적 감정이 무엇인

지 생각해보고 말합니다.

"당신은 정말 무신경한 사람이군요." ⇨ "당신에게 관심 받고 사랑 받고 싶어요."

마음은
들어야 합니다

「사연을 듣기 전에 대답하는 자는 미련하여 욕을 당하느니라」 (잠언 18:13)

부부 사이에 마음이 하나 되기 위해서는 마음을 듣는 것이 필요합니다. '사랑은 듣는 것'이란 말이 있습니다. 누군가를 사랑하는 것은 그의 말을 주의 깊게 듣는 것입니다. 부부들의 문제는 대부분 서로의 말을 잘 듣지 않아 생기는 오해나 갈등입니다. 좋은 관계는 상대방의 말을 주의 깊게 듣는 데에서부터 시작합니다. 성경에서는 상대방의 말을 경청하지 않고 자신의 말만 하는 것을 지혜롭지 못한 태도라고 말하고 있습니다. 반면에 지혜로운 자는 다른 사람의 말을 주의 깊게 경청함으로써 그의 마음을 이해하는 것을 기뻐하는 태도를 지닌 사람입니다. 배우자의 사연을 다 듣기 전에 내 입장에서 배우자의 말을 섣불리 판단하거나 고치려고 할 때 부부 사이에 다툼이 생깁니다.

다른 사람의 말을 잘 듣는 태도를 '경청'이라고 합니다. 경청은 상대방의 말뿐만 아니라 표정, 마음, 생각까지도 헤아려 듣는 것을 말합니다. 사람들이 대화를 원하지만 잘 하지 않게 되는 이유는 다음과 같습니다. 첫째는 다른 사람이 나를 이해해주는가에 대한 두려움, 두 번째는 내 얘기가 하찮은 얘기가 아닐까 하는 두려움, 세 번째는 비난받는 데 대한 두려움 때문입니다.

그러므로 진정한 대화를 나누기 위해서는 '난 당신을 비난하지 않습니다', '난 당신을 이해합니다', '당신이 하는 얘기는 중요한 얘기입니다' 이런 태도로 경청할 필요가 있습니다. 내가 당신을 경청한다는 것은 곧 내가 당신을 존중하고 사랑한다는 뜻입니다. 경청은 곧 '들음의 영성'이기도 합니다. 상담이나 심리치료를 통해 사람들은 상처의 치유와 변화를 경험하는데, 이는 상담자가 온 마음을 다해 내담자의 '마음의 소리'를 들어주기 때문입니다. 마음을 다해 상대방의 이야기를 들을 때 상대방의 자존감이 고양됩니다. 반대로 상대방의 말에 귀 기울이지 않을 때 상처받고 자존심이 상하게 됩니다.

경청은 대화의 중요한 기술이자 태도입니다. 따라서 부부 대화에서 경청의 태도와 기술을 몸에 익히는 것이 필요합니다. 기술이라는 것은 머리로 아는 것만이 아닙니다. 간호사가 '주사를 놓을 줄 안다'는 것은 주사 놓는 법을 머리로만 아는 것이 아닙니다. 수많은 실전 연습을 통해 정확하게 주사를 놓게 될 때 '안다'고 하는 것입니다. 대화의 기술 역시 마찬가지입니다. 단지 머리로 아는 것이 아니라 반복적인 연습을 통해 몸에 배어 있어야 안다고 할 수 있습니다. 경청하는 사람이 되기 위해서는 상대방의 말을 마음을 다해 듣는 연습을 해야 합니다. 특히 배우자가 자신에게 중요하다고 생각하는 이야기를 할 때는 더더욱 경청하는 태도로 들어야 합니다.

갈등을 해결하는 것은
역지사지의 마음입니다

부부가 다툴 때 하는 말을 들어보면 두 사람의 이야기가 다 맞습니다. 그러나 내 입장에서는 맞는 말이지만 상대방의 입장에서는 틀릴 수도 있습니다. 그런데 "당신 말은 틀리고 내 말이 맞아" 이렇게 반응할 때 싸우게 됩니다. '나는 맞고 당신은 틀리다'를 증명하기 위해 처음에는 사소한 것으로 시작해서 큰 싸움으로 끝나고 맙니다. 부부 갈등을 해결하는 열쇠는 서로 상대방의 입장에 서보는 것입니다. 이를 '역지사지易地思之'라 하고, '공감共感'이라고도 합니다.

'내 입장에서는 맞지만 상대방의 입장에서는 틀릴 수도 있다. 내 관점에서는 틀리지만 상대방 관점에서는 맞구나.' 공감이란 상대방이 말할 때에 나의 입장과 관점에서 듣는 것이 아니라 상대방의 입장이 되어, 상대방의 감정과 생각이나 가치관을 이해하려는 태도입니다. 제3의 귀를 가지고 혹은 마음의 근육을 움직여 배우자의 가슴에 있는 '소리 없는 소리' 또는 '마음의 소리'를 듣는 것입니다. 남편과 아내가 상대방의 감정에 공감하고 있음을 나타내면 배우자는 그 자신이 이해받고 있다는 느낌을 갖게 되며, 배우자를 보다 신뢰하게 되어 자신의 깊은 곳을 드러내 보이게 됩니다. 이러한 과정이 진행됨에 따라 부부 사이가 더욱 깊어지고 돈독해지는 것입니다.

이해받는다는 느낌은 아주 강력하고 놀라운 경험입니다. 우리는 이 놀라운 선물을 공감 기술을 배움으로써 배우자에게 줄 수 있습니다. 공감에서 기본이 되는 것은 상대방을 배려하는 태도입니다. 대화의 기술은 먼저 배우자를 배려하는 마음이 우선되어야 효과적으로 사용될 수 있습니다. 부부 대화에서 나를 표현하고 상대방을 배려하는 것이 균형을 이루어야 합니다. 공감의 수준에는 인습적 수준(자기 입장)에서의 이해, 일반적 수준에서의 이해, 심층적 수준에서의 이해 세 가지가 있습니다.

인습적 수준에서의 이해 명백하게 표현되는 배우자의 표면적 감정과 생각조차도 알아차리지 못하고 상대방의 말을 자신의 입장에서 판단하거나 왜곡하여 받아들입니다. 이렇게 되면 배우자는 마음의 문을 닫아버리고 위축됩니다. 이 수준에서는 대화가 막히거나 파괴적이 됩니다.
"당신 생각은 틀렸어", "엉뚱한 소리 하네."

일반적 수준에서의 이해 부드러운 부부 관계가 어느 정도 형성될 수 있는 기초적인 관계로서 일상적인 수준에서 문제 해결이 가능합니다. 그러나 상대방이 말하지 않은 속마음은 아직 알아차리지 못하는 수준입니다.
"당신은 나와 말이 통하지 않는다는 생각에 속상했겠군요."

심층적 수준에서의 이해 배우자의 표현된 감정과 생각을 이해할 뿐만 아니라, 그 이면의 성장 동기까지도 파악하여 표현하는 단계입니다. 이럴 때 배우자는 성장과 변화를 위한 힘과 용기를 얻게 됩니다.

"당신은 나와 뭔가 통한다는 느낌, 깊은 연결감을 느끼고 싶어 하는군요."

마지막으로 공감의 최고 형태는 배우자를 있는 모습 그대로 수용하는 것입니다. 공감받기를 바라지만 공감하는 데에는 서툰 이 시대를 살아가는 우리에게 공감은 매우 소중한 관계의 기술이자 능력이라고 할 수 있습니다.

이해하고 이해받으며
상대방이 생각하는 바를 헤아리되
진정으로 헤아려주며,
자신이 하고 싶은 말은 무엇이든 하며
그리고 이 말이 소중하게 받아들여질 뿐만 아니라
비난 없이 헤아림을 받을 것을 확신하며,
있는 모습 그대로 진정한 자신이 되어
사랑받고 있음을 알 때
이것이 곧 천국이 아니리오?

- 글로리아 퍼킨스 -

STEP 03

부모가 되기까지

아기를 만나기 위해
280일이라는 시간이 주어진 이유

보라 자식들은 여호와의 기업이요
태의 열매는 그의 상급이로다.

시편 127:3

부모가 되면서 부부의 삶은 새로운 단계로 접어듭니다. 부모가
된다는 것은 아이를 잉태할 때부터를 의미합니다. 자녀의 임신
에서 출산에 이르기까지 전 과정은 온전히 하나님의 주권 아래
이루어집니다. 그러므로 그리스도인 가정에서의 부모 역할은
임신하는 그 순간부터 시작되어야 합니다.

부모가 된다는 것은
축복입니다!

아기의 임신 소식을 알았을 때 어떤 기분이었습니까? 기쁘고 떨리는 마음과 함께 부모가 된다는 부담감과 책임감 또한 느꼈을 것입니다. 이전에는 결혼을 하면 아기를 갖는 것을 당연히 여겼는데, 요즘은 결혼해도 임신이 당연한 것이 아닌 시대가 되었습니다. 결혼 후에 출산을 늦추거나 한 자녀만 가지려 하든지, '둘이 잘 살면 그만이지 굳이 힘들게 아기를 낳아야 하나' 하며 아예 낳지 않겠다는 생각을 가진 부부도 있습니다. 혹은 부부가 아기를 기다려도 잘 생기지 않는 경우도 있습니다.

우리나라의 출산율은 1.26명 2015년 기준으로, 이는 미국·영국·독일·프랑스 등 선진국에 비해 현저히 낮고, 출산율이 낮은 일본에 비해서도 낮은 수치로 OECD 국가 중 최하위라고 합니다. 이러한 저출산 현상에는 여성의 사회 참여와 생활양식 및 가치관의 변화, 자녀 양육에 드는 과도한 사교육 비용이나 양육의 어려움 등 여러 가지 요인이 있겠지만, 가장 큰 이유는 '자녀 출생이 얼마나 소중한 의미와 가치를 지니는지'에 대한 인식이 부족하기 때문이 아닌가 생각됩니다.

성경에서는 자녀를 하나님이 가정에 주신 기업이며 상급이라고 말합니다. 자녀를 통해 하나님이 이루고자 하시는 뜻이 있으며, 그것이 곧 부모에게 '상, 축복'이라고 말합니다. 「이삭이 그의 아내가 임신하지 못하므로 그를 위하여 여호와께 간구하매 여호와께서 그의 간구를 들으셨으므로 그의 아내 리브가가 임신하였더니」(창세기 25:21). 자녀 출생은 우리의 의지에 의해서가 아니라 전적으로 하나님의 주권적 계획 하에 이루어지는 것임을 알 수 있습니다. 자녀는 하나님이 주신 귀한 선물이며, 부모가 된다는 것은 축복이고, 부모 역할은 감당해야 할 소중한 '사명mission'입니다.

아기를 맞이하기 위한
준비 기간이 필요합니다

행복한 결혼생활을 위해 준비가 필요하듯이 좋은 부모가 되기 위해서도 준비가 필요합니다. 아기를 임신하고 출산에 이르기까지 280일이라는 시간이 주어진 이유도 부모로서 충분히 준비되는 시간을 갖기 위함입니다. 부모가 된다는 것은 자녀가 필요로 하는 것을 공급하며, 자녀를 돌보고 사랑해야 할 책임을 진다는 것을 의미합니다. 자녀가 필요로 하는 것은 생리적 신체적 필요뿐만 아니라 정서적 정신적 영적 필요를 포함합니다.

한 생명의 잉태와 탄생은 모두 하나님의 계획 가운데 이루어지는 것입니다. 따라서 부모가 되기 위한 준비는 이삭이 임신하지 못한 아내를 위하여 하나님께 간구했듯이, 임신 이전 아기를 위한 간구로부터 시작된다고 할 수 있습니다. 삼손의 부모인 마노아 부부 역시 「우리가 그 낳을 아이에게 어떻게 행할지를 우리에게 가르치게 하소서」(사사기 13:8) 하며 간구하였습니다.

임신이 된 순간부터 엄마 뱃속의 태아는 가히 생명의 신비라고 할 정도로 놀라운 생물학적 성장 과정을 거칩니다. 태중 아기의 건강이 일생의 건강을 결정한다고 할 정도입니다. 뿐만 아니라 태아와 어머니의 정서적인 교감도 이루어집니다. 이때 태중에서 나눈 어머니와의 정서적 교감이 아기의 기질과 성격에도 영향을 미친다고 합니다.

태교는 임신 이전 단계, 즉 예비 부모들이 자신들의 심신을 건강하게 관리하는 것부터 시작해서 출생 전까지 이루어지는 태아에 대한 모든 양육적 배려라고 정의할 수 있습니다. 태교는 아기가 신체적 정서적 정신적으로 건강하게 자라기 위해 매우 중요합니다. 그리고 이런 태교의 기회는 평생 단 한 번뿐이라는 사실을 명심해야 합니다.

태아는
인격적인 존재입니다

「주께서 내 내장을 지으시며 나의 모태에서 나를 만드셨나이
다. 내가 주께 감사하옴은 나를 지으심이 심히 기묘하심이
라. 주께서 하시는 일이 기이함을 내 영혼이 잘 아나이다」

(시편 139:13-14)

임신을 알게 된 후에 부모들은 여러 가지로 마음가짐의 변화
를 겪게 됩니다. '이제 곧 엄마(아빠)가 되는구나! 엄마(아빠)로
서의 준비는 어떻게 해야 하나?' 첫 출산을 기다리는 부부에게
는 어떤 아이가 태어날지에 대한 기대와 흥분, 새로운 생명에 대
한 경외심과 함께 부모로서의 책임감과 염려도 있을 것입니다.
태교의 첫걸음은 태아를 대하는 부모의 태도에서부터 시작됩니
다. 성경에 보면 태아는 눈에 보이지 않지만 이미 엄마 뱃속에

있는 신체적 실체인 동시에 엄마와 정서적인 교감을 나누며, '영혼'을 가진 인격적 존재임을 알 수 있습니다. "아가야, 네가 우리 가정에 온 것을 엄마 아빠는 환영하며 기뻐한다. 이제부터 엄마 아빠는 네가 엄마 뱃속에서 건강하게 잘 자라도록 너를 사랑으로 보살필 거야." 이처럼 태아를 기쁜 마음으로 맞으며, 태아가 신체적으로 잘 자랄 수 있도록 영양을 공급하며, 태아가 안정된 상태를 유지할 수 있도록 엄마는 마음을 가다듬고 평안한 마음으로 준비하는 태도가 필요합니다.

태아의 성장발달과정에 따라 임신 과정은 크게 초기, 중기, 후기의 세 단계로 나누어볼 수 있습니다. 임신 후 3개월까지 초기의 태아를 '배아'라고 하는데, 이때는 신경관이 발달하고 눈·귀·심장·뇌·장 등의 주요 신체기관이 발달합니다. 임신 4개월부터 6개월까지를 중기라고 하는데, 이 시기에는 태아가 사람의 형태를 갖추게 되고 빠르게 성장하며, 성 구별이 확실해지고 감각기관이 완성됩니다. 임신 후기에는 눈을 뜰 수 있고, 속눈썹이 생기고, 재채기와 딸꾹질 등의 생존능력을 갖추게 됩니다. 이 시기에는 태아의 신체 발달이 건강하게 이루어질 수 있도록 필요한 영양을 공급하는 것과 동시에 태아가 잘 자랄 수 있는 심리적으로 안정된 환경을 제공해야 합니다.

「엘리사벳이 마리아가 문안함을 들으매 아이가 복중에서 뛰노는지라. 엘리사벳이 성령의 충만함을 받아 큰 소리로 불러 이르되 여자 중에 네가 복이 있으며 네 태중의 아이도 복이 있도다. 내 주의 어머니가 내게 나아오니 이 어찌 된 일인가. 보라 네 문안하는 소리가 내 귀에 들릴 때에 아이가 내 복중에서 기쁨으로 뛰놀았도다」(누가복음 1:41-44). 이 말씀처럼 영혼을 가진 인격적 존재인 태아는 태중에서도 어머니의 감정을 알아채며, 그 감정에 영향을 받습니다. 그러니 태중에 있을 때부터 아름다운 것을 보고 즐거운 말을 나누고 좋은 것을 생각하며, 이 모든 것을 태아와 교감하고 나누려는 노력이 필요합니다. 꾸준하게 태아와 '대화태담'를 나누는 훈련 역시 필요합니다. 이러한 부모와의 정서적 교감은 물론 출생 후에도 계속되어야 하지요. 아기의 자존감 또한 태어나기 전, 엄마 뱃속에 있을 때부터 형성됩니다. 엄마가 아기를 임신한 순간부터 아이의 임신을 환영하고 기뻐할 때, 아이의 영혼은 자신을 환영받고 사랑받는 존재로 느낄 것입니다.

아기와 엄마는 탯줄을 통해 하나의 존재로 연결되어 있습니다. 아기는 탯줄을 통해 엄마로부터 성장에 필요한 영양을 공급받을 뿐만 아니라 엄마의 생각이나 성품까지도 전달 받는다고 합니다. 독일의 저술가 요셉 루카스Joseph Lucas는 엄마의 좋은 성품인 '사랑, 순결, 헌신' 등이 아이가 세상에 나오기 전에 이미 아이의 영혼에 심어진다고 하였습니다. 요한 크리스토프 아놀드Johann Christoph Arnold는 임신 중에 엄마의 생활이 어떠한가에 따라 출생 이후에도 아이에게 영향을 준다고 하였습니다. 그는 이렇게 말했습니다. "출생 후의 모습들은 이미 태중에서 아이의 영혼에 심어진 것에 싹이 나고 성장하는 것이 불과하다."

280일이라는 시간은
부모 자신을 위한 준비 기간이기도 합니다

부모가 된다는 것은 자녀 양육에 대한 책임을 진다는 것을 의미합니다. 자녀를 사랑으로 돌보고 잘 자라도록 보살핀다는 것입니다. 전적으로 부모를 의지하는 무력한 존재에 대한 책임을 진다는 뜻입니다. 이 책임은 신성한 것입니다. 생명에 대한 책임이기 때문입니다. 부모가 되는 책임은 다른 사람에게는 양도할 수 없으며 평생 동안 지속되는 것입니다.

부모가 된다는 것은 자녀를 책임지되, '소유하지 않는 것'입니다. 부모는 자녀에 대한 소유권을 주장해서는 안 됩니다. 부모가 된다는 것은 하나님이 부부에게 맡긴 생명에 대한 '청지기' 역할을 다하는 것입니다.

부모 역할의 시점은 '아기가 뱃속에 있을 때'부터 시작됩니다. 열 달 동안의 준비 기간, 정확하게 280일이라는 준비 기간은 부모로서 자신을 준비하는 기간이기도 합니다. 모든 부모의 바람은 아기가 건강하게 잘 자라는 것이고, 그렇게 자랄 수 있는 최선의 환경을 만들어주는 것입니다. 안정되고 사랑이 넘치는 가정의 분위기를 위해 엄마의 정서와 부부의 관계가 중요하다는 것은 두말할 필요가 없을 것입니다. 감정을 느낄 수 있는 태아는 부모의 부드럽고 사랑스런 보살핌에 즐거워합니다. 반면에 부부 사이에 긴장과 갈등이 있을 때는 아기를 부드럽고 사랑스럽게 대하기가 어려우니 아기도 고통을 느낄 것입니다.

아기를 임신한 엄마는 여러 가지 신체적인 변화와 함께 그로 인한 감정 기복도 겪게 됩니다. 그러므로 남편은 아내가 신체적으로 건강하고, 정서적으로 안정감을 유지할 수 있도록 돌보고 배려해야 합니다. 부부 사이도 사랑으로 충족되어야 합니다. 태교에는 건강한 부부 관계가 뒷받침되어야 합니다.

　자녀를 건강한 '자아상'을 가진 아이로 키우기 위해서는 부모 자신도 건강한 자아상을 가져야 합니다. '자아상'이란 마음의 거울로 '내 자신이 어떤 존재인지'를 바라보는 것입니다. 자아상에는 긍정적인 자아상과 부정적인 자아상이 있는데, 부정적인 자아상을 가진 부모는 아기를 긍정적인 시선으로 바라보기 힘듭니다. 흔히 자아상은 대물림된다고 하는데, 긍정적인 자아상을 가진 부모가 아기를 긍정적인 시선으로 대할 수 있습니다.

　부모의 내면에 혹시 '상처받은 어린아이'가 남아있다면 치유하고 회복해야 합니다. 내면에 남아 있는 상처받은 어린아이는 어른으로 성장하는 데 방해가 됩니다. 그 상처받은 어린아이는 사랑을 받고 싶어 하는 어린아이, 사랑에 굶주린 어린아이일 수도 있습니다. 사랑을 경험한 사람만이 사랑을 줄 수 있습니다. 상처의 치유와 성장은 오직 사랑으로만 가능합니다. 상처를 치유하고 회복하기 위해서는 부부 간의 사랑이 필요합니다. 엄마는 아이를 위해 자신의 신체적 정신적 건강에 힘쓰고, 남편은 아내가 임신한 동안 아내를 더욱 사랑하고 돌봐야 합니다. 아내의 필요에 관심을 기울이고 아내가 먹고 싶은 것이나 원하는 것을 충분히 채워주어야 합니다.

이렇게 아기를 만나기까지 걸리는 열 달 동안이 부부에게는 새로 태어날 아기에 대한 기대와 설렘, 아기를 위한 준비로 그 어느 때보다 관계가 깊어지고 더욱 가까워지는 기간이기도 합니다.

부모가 된다는 것은 축복이고,
부모 역할은 감당해야 할
소중한 사명입니다.

부모의 삶

STEP
04

인간관계의
첫걸음 내딛기

태어나서 처음 맺은 관계가 평생을 좌우한다

그 사람 엘가나와 그의 온 집이 여호와께 매년제와
서원제를 드리러 올라갈 때에 오직 한나는 올라가지
아니하고 그의 남편에게 이르되 아이를 젖 떼거든
내가 그를 데리고 가서 여호와 앞에 뵙게 하고
거기에 영원히 있게 하리이다 하니

사무엘상 1:21-22

아이가 세상에 태어나면서 부모와 아이는 새로운 관계를 맺게
됩니다. 특히 아이가 태어나서 처음 맺는 인간관계, 출생 후 엄
마와 보낸 3년의 경험은 아이의 성격이나 정신 구조의 틀을 결
정짓는 중요한 요인입니다. 이 시기에 아이는 엄마와 '애착'을
통해 엄마에게 마음의 뿌리를 든든히 내려야 합니다.

출생 후 3년이라는
골든타임!

출산을 통해 아기는 탯줄을 끊고 세상 밖으로 나옵니다. 엄마
와 한 몸이었던 아기는 비로소 엄마와 신체적인 분리를 하게 됩
니다. 그러나 세상 밖으로 나온 아기는 여전히 엄마의 돌봄에 의
존할 수밖에 없습니다. 아기는 엄마의 관심과 부드럽고 따뜻한
보살핌이 없으면 살 수 없습니다. '세 살 버릇 여든 간다'는 우리
말 속담에서 알 수 있듯이, 특히 아기가 태어나서 젖을 떼기까지
3년 동안의 엄마와의 경험은 평생 동안 지속되는 매우 결정적인
것입니다. 출생 후 3년 동안 아기와 엄마와의 유대 관계의 중요
성은 성경에서도 찾아볼 수 있습니다.

모세의 어머니 요게벳은 아기를 석 달 동안 숨겨 키우다 더 이
상 집에서 키울 수 없게 되자 바로의 공주가 목욕하러 나오는 나
일 강 갈대숲에 아기를 담은 갈대상자를 놓아둡니다. 아기를 발
견한 공주는 모세를 자신의 아들로 삼고 젖을 먹일 유모를 찾는
데, 이를 숨어서 지켜보던 모세의 누이를 통해 모세의 어머니는
아기가 자랄 때까지 직접 젖을 먹이고 키울 수 있었습니다 (출애
굽기 2:1-10). 사무엘의 어머니 한나 역시 간절한 기도를 통해 얻

은 사무엘을 '젖 뗄 때까지' 집에서 키우다 엘리 제사장에게 데려 갑니다(사무엘상 1:20-24). 이스라엘의 정치적 영적 지도자인 모세와 사무엘, 이 두 사람의 공통점은 어린 시절 엄마와 떨어지게 되는 이별의 아픔을 겪었다는 것입니다. 그럼에도 불구하고 모세와 사무엘이 지도자로서 성장할 수 있었던 원동력은 무엇일까요? 아마도 젖을 뗄 시기까지 엄마 품에서 자랐기 때문에 가능하지 않았나 싶습니다.

홀로서기가 되려면 충분히 함께 있어본 경험이 필요합니다. 어린 나이에 엄마와 떨어져 지냈던 모세와 사무엘이 지도자로서 성장할 수 있었던 것은, 젖을 뗄 시기까지 엄마의 충분한 사랑과 돌봄을 받았기에 가능했던 것입니다. 이처럼 '젖 뗄 때까지' 엄마 품에서 자랄 수 있도록 모세와 사무엘에 대한 하나님의 섬세한 손길이 있었음을 우리는 알 수 있습니다.

출생 후 3년이라는 기간은 자녀를 양육하는 데에 일종의 골든타임과 같은 시기입니다. 이 시기에 아기는 '애착'을 통해 엄마라는 대상에게 든든히 마음의 뿌리를 내리고 몸도 마음도 쑥쑥 자라갑니다. 애착이란 아기와 엄마 사이의 일종의 심리적 탯줄, '사랑의 끈'입니다. 아기에 대한 엄마의 부드러운 관심과 따뜻한 보살핌, 엄마에게 다가가려고 하는 아기의 본능적 행동,

아기와 엄마 사이의 강한 신체적 정서적 유대 관계를 '애착'이라고 합니다. 애착은 아기의 생존에 필수적인 것이라 할 수 있습니다.

아기는 엄마의 보살핌이 없으면 살 수 없으므로 끊임없이 엄마가 필요하다는 신호를 보냅니다. 배고플 때의 울음, 기분 좋을 때의 웃음, 엄마와의 눈맞춤, 안아달라는 몸짓, 엄마에게 기어가는 것 등 엄마에게 가까이 가려는 모든 행동과 노력을 '애착 행동'이라고 부릅니다. 아기가 이렇게 엄마를 필요로 하고 엄마에게 다가가려고 하는 것은 살아남도록 하나님이 주신 생존 본능이기도 합니다.

출생 후 3년간은 엄마와의 스킨십이 절대적으로 필요합니다

"아기들은 왜 엄마를 졸졸 따라다니며 엄마를 그토록 좋아할까요?"

이런 질문에 대해 사람들은 '엄마가 아기에게 젖을 주기 때문'

이라고 생각했습니다. 그러나 이런 생각을 뒤엎는 재미있는 실험이 있었습니다. 동물행동학자 해리 할로우Harry Harlow, 1905-1981 박사는 새끼 원숭이를 대상으로 실험을 했습니다. 이른바 '가짜 엄마' 실험입니다. 한쪽에는 철사로 만든 딱딱하고 차가운 어미 원숭이 모형에 젖병을 매달아 놓고, 다른 한쪽에는 젖병 없이 부드러운 천으로 만든 어미 원숭이 모형만 가져다 놓았습니다. 새끼 원숭이는 배가 고플 때를 제외하고는 하루 종일 부드러운 천으로 만든 어미 원숭이에게 매달려 있었습니다.

이 실험은 어린 포유류의 생존 조건이 단지 배고픔을 채워주는 것만으로 충족되지 않는다는 사실을 보여줍니다. 먹을 것보다 '부드러운 접촉(아기와의 눈맞춤, 웃어주기, 안아주기 등의 스킨십)', 즉 몸으로 하는 사랑이 생존과 발육에 더 중요하다는 것을 말해줍니다.

연구에 의하면 아기와 엄마와의 스킨십은 아기의 뇌 발달에도 영향을 주는 것으로 나타났습니다. 엄마의 돌봄을 받은 아기의 뇌와 방치되어 자란 아기의 뇌를 비교했을 때, 뇌의 크기도 매우 많은 차이가 났습니다. 엄마가 아기를 꼭 껴안을 때 아기에게는 뇌 발달을 촉진하는 호르몬이 분비되고, 엄마에게도 옥시토신이라는 호르몬이 분비됩니다. 일명 '포옹 호르몬'이라 불리는 옥시토신은 엄마의 마음을 편안하게 해주어서 엄마가 아기를 잘 돌볼 수 있도록 도와줍니다.

엄마와의 신체 접촉을 통해 아기가 경험한 긍정적 정서는 자신과 타인, 세상에 대한 긍정적 정서를 형성하는 토대가 됩니다. 마치 음악의 음조처럼 한 인간의 삶의 전체적인 분위기를 결정짓게 된다고 합니다.

아기는 엄마와의 정서적 교감을 통해 세상을 배웁니다

"아기는 세상을 어떻게 배울까요? 꽃이 예쁘다는 것, 무지개가 아름답다는 것, 낯선 사람이 무섭다는 것을 어떻게 알게 될까요?"

아기가 세상을 배우는 통로는 엄마와의 정서적 교감, 즉 애착 관계입니다. 엄마와 애착이 잘 맺어진 아기, 엄마와 정서적 유대 관계가 긴밀한 아기들은 "와, 무지개가 아름답구나!" 하는 엄마의 정서적 반응에 교감함으로써 무지개가 아름답다는 것을 경험하고 배우게 됩니다. 낯선 사람을 보고 경계하고 두려워하는 엄마의 얼굴을 보면서 낯선 사람을 두려워하게 됩니다.

애착이 잘 맺어진 아기는 엄마가 좋아하는 것을 좋아하게 되며, 엄마가 호기심을 보이는 것에 호기심을 느끼고 엄마가 싫어하는 대상에 싫어하는 반응을 나타냅니다. 자라는 동안 엄마가 추구하는 중요한 가치를 아이도 중요하게 받아들이게 됩니다. 아이에게 부모가 선호하는 가치를 굳이 주입할 필요가 없습니다. 부모와 애착 관계가 잘 맺어진 아이들은 자연스럽게 부모가 선호하는 가치나 대상을 선호하며, 부모가 싫어하는 대상은 싫어하기 때문입니다. 따라서 아이를 잘 가르치고자 하는 부모는 먼저 아이가 사랑을 느끼는 대상이 되어야 합니다.

요즘 젊은 엄마들을 보면, 아이들과의 정서적 유대 관계보다 아이의 지적인 면에 유독 관심이 많습니다. 이런 엄마들이 흔히 하는 실수는 "와! 무지개가 아름답구나!" 이런 반응보다 "무지개 색은 빨주노초파남보야" 이런 식으로 가르치는 것입니다. 한 술 더 떠서 "빨간색 밖으로 우리 눈에는 보이지 않는 적외선이 있어. 보라색 밖에는 자외선이 있고" 이런 식으로 가르치려 드는 '지적 의욕과잉'의 부모가 많습니다. 부모의 지적 의욕과잉이 도리어 아이들의 지적 호기심을 질식하게 만듭니다. '무지개가 아

름답다는 것을 경험한' 아이는 무지개에 대해 더 깊이 알고 싶어
합니다.

엄마에 대한 믿음은
세상에 대한 믿음입니다

아기는 엄마를 통해 자신에 대해, 타인과 세상에 대해 배우게
됩니다. 아기는 배가 고프거나 기저귀를 갈아야 할 때 "응애" 하
고 웁니다. 이때 엄마가 달려와서 젖을 주거나 기저귀를 갈아주
면 기분이 좋아집니다. 이런 경험을 반복하면서 아기는 '내가 도
움이 필요할 때마다 엄마가 언제든 즉각 달려와 내 필요를 채워
주는 걸 보면 난 참 소중한 존재야' 하는 자신감을 갖게 됩니다.
그리고 타인과 엄마에 대해서도 신뢰감을 갖게 됩니다. '나를 돌
보는 엄마는 믿을 만해.' 엄마에 대한 이런 믿음은 아이가 자라
면서 '세상 사람들은 믿을 만해' 하는 타인에 대한 믿음으로 발
전합니다. 그래서 '세상은 참 살 만한 곳이야' 하는 긍정적 태도
를 갖게 됩니다. 이처럼 자신, 타인, 세상에 대한 믿음을 에릭 에
릭슨 Erik Erikson, 1902-1994은 '기본 신뢰감 Basic Trust'이라고 표현했

습니다. 자신과 타인과 세상에 대한 믿음이 있는 사람들은 안정감을 가지고 세상을 살아갈 수 있습니다.

반면에 배가 고파서 오랫동안 울어도 엄마의 반응이 없는 경험을 반복하게 되면, 아기는 '내가 이렇게 울어도 엄마가 달려와주지 않는 것을 보면 나는 쓸모없는 존재인가 봐' 하는 부정적인 자아상을 형성하게 됩니다. 엄마에 대해서도 '나를 돌보는 이 사람은 믿을 수 없어. 내가 필요할 때 달려와주지 않으니' 하는 불신감을 갖게 되고, 이후에는 타인에 대한 불신감을 갖게 됩니다. 또한 '이 세상은 하나도 즐겁지 않아. 고통스럽기만 해'라며 세상에 대해서도 불신하게 됩니다. 자신과 타인, 세상에 대해 불신하는 사람의 마음은 불안으로 가득 차 있고, 심리적으로 힘든 삶을 살아가게 됩니다.

내 부모와의 관계를 알아야
아이를 제대로 키울 수 있습니다

아기와 안정적인 애착 관계를 맺기 위해서는 엄마의 공감능력과 따뜻함·민감성·일관성 등 엄마의 성품이 중요합니다. 엄마는 아기가 보내는 신호, 즉 울음·눈빛·표정·행동 등에 대해 민감하게 알아차리고 반응해야 하며, 아기의 상태나 필요로 하는 것에 공감할 수 있어야 합니다. 또한 행동으로 반응해주되 변함없이 꾸준히 해야 하는 일관성이 필요합니다.

"육아에 대한 기술을 많이 배워도 막상 아이를 대할 때면 배운 대로 하기가 쉽지 않아요." 많은 엄마들이 이런 어려움을 호소합니다. 왜냐하면 사람은 배운 대로 행동하기보다는 경험한 대로 반응하기가 더 쉽기 때문입니다. 어린 시절 부모와의 관계에서 사랑과 부드러운 보살핌을 경험한 엄마는 아기를 대할 때 자연스럽게 부드럽고 따뜻하게 대하게 됩니다. 반대로 그런 경험을 하지 못한 엄마는 아기를 따뜻하게 대하는 것을 새롭게 배우고 연습해야 합니다.

"내 부모와의 관계를 알아야 아이를 제대로 키울 수 있다." 전문가들은 이렇게 말합니다. '어린 시절 어머니는 나를 어떻게 길렀는가? 아버지는 나를 어떻게 대했는가? 부모님이 나를 키운 방식에 대해 나는 만족하는가? 불만은 없었는가? 부모님이 나를 사랑한다고 느끼면서 컸는가?' 부모님이 어린 시절 나를 대했던 방식이 현재 내 아이를 대하는 방식에 어떤 영향을 주는지 아는 것은 내 아이를 잘 키우기 위한 출발점이 됩니다.

'어미의 사랑을 못 받고 자란 암컷 원숭이가 어미가 되었을 때 자기 새끼를 어떻게 대할까?' 할로우 박사는 이런 질문에 답하고자 실험을 계속했는데 실험은 곧 난관에 부딪혔습니다. 어려서 격리된 채 양육된 암컷 원숭이는 성장 후에도 수컷과의 교미를 완강히 거부했습니다. 결국 강제로 교미를 시킨 후에 새끼 원숭이를 낳게 했는데 놀랍게도 어미의 역할을 전혀 수행하지 못했을 뿐만 아니라 새끼를 학대하기까지 했습니다.

이 실험이 시사하는 바는 무엇일까요? 사랑을 받아야만 사랑을 줄 수 있고 사랑을 받고 자라야 사랑할 수 있는 능력이 생긴다는 사실입니다. 어려서 엄마와의 상호작용 속에서 사랑을 받고 자라야 타인을 배려하고 공감할 수 있는 뇌의 부위가 제대로 발달한다고 전문가들은 말합니다. 어린 시절 부모에게 받은 사랑은 한 사람이 건강하게 살아가고 성장하는 데 필수적인 자양분이자, 이후에 자녀에게 물려줄 수 있는 풍부한 유산이 된다는 것입니다. 부모에게 사랑을 받아야 자식에게도 사랑을 물려줄 수 있다는 평범한 진실입니다.

"어린 시절 사랑을 많이 받고 자란 부모는 자녀를 보살피고
사랑하는 태도가 자연스럽게 배어 있지만 그렇지 못한 경우
에는 어떻게 하나요?"

어린 시절 엄마와 안정적인 애착 관계를 경험하지 못했더라
도 이후에 다른 안정적인 대상, 즉 배우자나 하나님과 지속적인
사랑과 돌봄이라는 애착 관계를 경험하면 사랑할 수 있는 능력
을 획득하게 됩니다. 이를 '획득형 안정애착'이라고 합니다.

「여호와는 나의 목자시니 내게 부족함이 없으리로다. 그가 나
를 푸른 풀밭에 누이시며 쉴 만한 물 가로 인도하시는도다. 내
영혼을 소생시키시고 자기 이름을 위하여 의의 길로 인도하시
는도다. 내가 사망의 음침한 골짜기로 다닐지라도 해를 두려워
하지 않을 것은 주께서 나와 함께 하심이라. 주의 지팡이와 막대
기가 나를 안위하시나이다. 주께서 내 원수의 목전에서 내게 상
을 차려주시고 기름을 내 머리에 부으셨으니 내 잔이 넘치나이
다. 내 평생에 선하심과 인자하심이 반드시 나를 따르리니 내가

여호와의 집에 영원히 살리로다」(시편 23).

　이 성경구절에서 '여호와' 대신 '부모'를 대입하면 온전한 부모의 역할이 무엇인지 알 수 있습니다. 불완전한 부모의 영향으로 부모의 부정적인 모습을 가지고 있다고 하더라도 그것을 극복할 수 있는 길은 우리의 완전하신 부모인 하나님 안에서 온전한 사랑을 경험하는 것입니다. 하나님의 온전한 사랑을 경험할 때에 마치 아기가 엄마 품에 안겨 무한한 안전감과 가치감을 느끼는 것처럼 우리 역시 「사망의 음침한 골짜기로 다닐지라도 해를 두려워하지 않는」 안전감과 「내 잔이 넘치는」 것 같은 충만함을 느끼게 될 것입니다. 부모가 하나님의 자녀로서 하나님과 이런 애착 관계를 누릴 때, 부모 역시 자녀에게 애착 관계를 맺을 수 있는 안전한 대상이 될 수 있습니다.

　아기가 태어나서 엄마와 경험하는 첫 3년의 기간은 아기의 신체적 지적 정서적 발달에서 매우 결정적인 시기, 즉 자녀교육의 '골든타임'입니다. 엄마와의 행복한 3년의 경험은 아이의 자존감과 긍정적 정서를 발달시키며, 나와 타인과 세상에 대한 믿음을 갖게 합니다. 이것은 이후에 아이가 세상 속에서 세상과 부딪히며 자라가는 원동력이 됩니다. 처음 3년 동안의 행복한 경험은 아이에게 평생 행복한 경험으로 기억됩니다.

어린 시절에 형성된 부모와의 애착 관계가
하나님과의 안정적인 애착 관계로 인도합니다.

STEP
05

자녀의
감정 수업

감정을 잘 다스리는 아이가 사회성도 좋다

"

아비들아 너희 자녀를 노엽게 하지 말고
오직 주의 교훈과 훈계로 양육하라.

에베소서 6:4

"

자녀가 유치원에 다니게 되면서부터 친구 사귀기 등 사회성 발
달이 본격적으로 이루어집니다. 친구 관계를 잘 맺는 아이들의
특징은 자신과 타인의 감정을 잘 알고 다룰 줄 안다는 것입니
다. 감정을 다스리는 힘은 어려서부터 부모의 지도나 훈련을 통
해 습득될 수 있습니다.

감정을 다룰 줄 아는 힘이
좋은 성격을 만듭니다

요즘 분노 조절이 안 되는 사람들 때문에 일어나는 재앙을 자주 봅니다. 화를 다스릴 줄 모르는 사람들은 본인뿐 아니라 주변 사람들도 곤경에 빠뜨리는 경우가 종종 있습니다. 비단 화난 감정뿐만 아니라 불안·두려움·우울·충동 등 감정 조절에 어려움을 겪는 청소년이나 성인들이 많습니다. 그렇다면 이런 감정을 다스리는 능력은 언제부터 길러지는 것일까요? 감정을 다스리는 힘은 아이들이 감정을 느끼기 시작하는 유·아동기부터 훈련을 통해 길러집니다.

아이가 인지적 언어적 면에서 자라가면서 정서도 세분화되는데, 이때 경험하는 다양한 감정에 부모가 적절히 반응해주면 아이는 자신의 감정을 잘 알고 조절할 수 있는 힘을 기르게 됩니다. 아이가 느끼는 기분 좋은 감정에 부모가 잘 반응하면 아이는 즐거움을 느끼게 되고, 잘 반응하지 않으면 초조함과 불안감을 느낍니다. 아이는 화나거나 무섭다는 불쾌한 감정을 느낄 때 부모의 위로와 지지를 통해 고통스러운 감정에서 벗어나 안도감을 느낄 수 있습니다. 즉, 부모가 아이의 감정에 잘 반응하면 아이는 자신의 감정을 자각하고 조절할 수 있는 능력을 가지게 되지만, 그렇지 않을 경우에는 감정 조율에 실패하고 감정을 잘 조절할 수 없게 됩니다.

그런데 아이의 감정과 감정 표현의 중요성을 잘 모르거나 무시하는 부모가 많습니다. 아이의 감정을 소홀히 대하다가 어느 순간 감정이 메말라가거나 폭발하는 경험을 하고 나서야 비로소 감정을 다루는 것의 중요성을 느끼곤 합니다.

감정은 사람에게만 있는 매우 고등한 기능으로 인간의 생존과 대인 관계를 가능하게 합니다. 인간관계라는 것도 따지고 보면 감정을 서로 나누는 것입니다. 친밀한 인간관계에서는 따뜻함과 격려, 지지 등의 긍정적 정서를 주고받습니다. 좋아하는 사람을 만나면 '아! 좋구나!' 하는 감정을 느끼는 동시에, 이런 감정적 반응이 뇌로 전달되어 '반짝' 하는 반응을 일으키며 몸에 좋은 호르몬인 엔돌핀이 분비됩니다. 반면에 불안한 감정을 느끼게 하는 대상에 대해서는 긴장하고 거리감을 두며 조심하게 됩니다.

사람의 감정과 뇌 반응은 밀접하게 연결되어 있습니다. 감정이 발달하면서 감정을 담당하는 뇌간, 변연계, 대뇌피질이라는 이른바 '감정 뇌'도 발달하게 됩니다. 건강한 뇌는 자연스럽고 솔직하게 감정을 느끼고 표현하게 해주며, 복잡한 상황에서 미묘한 감정들을 잘 분별하여 상황에 맞게 적절히 대응하도록 해줍니다. 자신의 감정을 잘 느끼고 적절히 대처하는 사람을 우리는 '성격 좋은' 사람이라고 합니다. 이런 사람들은 자신의 마음을 잘 알고 다룰 줄 아는 힘이 있으므로 다른 사람의 마음도 잘 알고 공감합니다. 상대방의 입장에서 생각하고 배려하는 능력이 있으므로 다른 사람과도 좋은 관계를 맺습니다.

좋으면 '좋다', 싫으면 '싫다'고
표현할 줄 알아야 건강한 아이입니다

감정을 잘 다스리려면 감정을 느끼고, 느낀 것을 말로 표현할 줄 알아야 합니다. 좋으면 '좋다', 싫으면 '싫다'고 말할 줄 아는 아이가 건강합니다.

그러려면 부모는 아이가 감정을 잘 느끼고 표현하도록 지도해주어야 하는데, 감정 표현에 엄격한 부모들이 많습니다. 특히 아이가 느끼는 부정적 감정에 대해서는 표현을 아예 못하게 하거나 표현을 하면 혼을 내기도 합니다. 감정을 표현하도록 내버려두면 버릇이 나빠진다고 생각하기 때문입니다.

그러나 실제로는 그 반대입니다. 싫을 때 '싫다'고 말해야 충동적으로 반응하지 않게 됩니다. 감정을 제대로 표현해야 마음이 시원해지고 안정되며 분별력 있게 행동하게 됩니다. 화가 날 때 소리를 지르고 뒤집어지며 감정을 주체하지 못하는 아이들은 '화가 나'라는 표현을 말로 하지 못하고 감정을 행동으로 대신 표현하는 것입니다.

무조건 "그러면 안 돼!" 하고 금지를 당하거나 "못써! 그렇게 하는 건 잘못된 거야!" 하고 지적받고 야단만 맞고 자란 아이들은 어른이 되어서도 감정을 솔직하게 표현하면 비난받을 것을 두려워합니다. 자신이 자연스럽게 느끼는 감정에 대해서도 지나치게 억제하고 다른 사람의 솔직한 감정 표현을 받아들이는 것도 어렵습니다.

감정은 나 자신의 총체적인 상태를 알려주는 신호입니다. 이 신호를 무조건 억제할 것이 아니라, 이것이 나에게 무엇을 말하려는 것인지 일단 알아차려야 합니다. 그리고 난 후에 참을 것인지 표현할 것인지, 표현한다면 어떻게 말할 것인지를 생각해야 합니다. 안 좋은 감정이 들 때 겁부터 내고 무조건 피하려고만 한다면 건강한 대인 관계를 만들어가기 어렵습니다.

자신의 감정에 대해 인정받고 존중받으며, 솔직하게 감정을 표현하면서도 감정대로 행동하지 않고, 상황에 맞게 분별력 있게 행동하도록 가르침을 받고 자란 아이들은 자존감이 높습니다. 자신이 느끼는 감정이 '옳은' 것이라고 신뢰하고, 감정을 어떻게 해결하는지 알고 그때 그때 잘 풀어가는 아이들은 모나거나 맺힌 구석이 없습니다. 이런 아이들은 성격이 좋을 수밖에 없습니다. 친구들하고도 잘 어울립니다. 그들은 성인이 되어서 다른 사람의 감정도 인정하고 존중하며, 배려하고 공감하는 능력을 갖추게 되어 풍부하고 건강한 대인 관계를 맺게 됩니다.

감정 지도는 언제
본격적으로 이뤄져야 할까요?

"싫어 안 할 거야!"
"내가 할 거야!"

아이가 말을 하게 되면서부터 부모와 아이 사이는 새로운 국면으로 접어듭니다. 아이와 주고받는 말을 통해 부모는 이전보다 더 많은 정서적 교감을 나누며 많은 것을 공유하게 됩니다. 그러나 이전까지는 부모가 해주는 대로 받아들였던 아이가 이제는 제 마음에 안 들면 싫다고 성질을 내거나 "내가 할 거야" 하고 고집을 부립니다. 아마도 말을 배울 때 가장 많이 하는 말이 "싫다"는 말일 수도 있습니다. 이럴 때 부모는 당황하게 됩니다. 어떤 때는 받아주다가도 어떤 때는 안 된다고 화를 내기도 합니다.

특히 우리말에 '미운 일곱 살'이란 말이 있듯이 아이가 만 5세가 되면 자신의 의지대로 하려고 하며(즉, 고집을 부리게 되며), 뜻대로 되지 않을 경우 떼를 쓰거나 화를 냅니다. 그리고 "엄마 나빠!" 이렇게 반응할 수 있습니다. 이럴 때 엄마도 감정적이 되어 "네가 나빠!"라고 응수하는데, 다르게 반응하는 것이 필요합니다.

특히 아이들이 말을 하기 시작하고 자아가 발달하면서부터 자신의 뜻대로 안 되는 경우에 부정적인 감정을 자주 표현하기 시작하는데, 이 시기에 부정적인 감정을 잘 표현할 수 있도록 지도해주는 것이 필요합니다. "엄마 미워", "동생이 없어졌으면 좋겠어." 이런 말을 할 때 "그런 말 하면 안 되지" 이런 반응은 아이의 감정을 표현하지 못하게 막는 것입니다. 그렇다고 "오냐, 그래” 이렇게 반응하는 것도 자칫 버릇없는 아이로 만들 수 있습니다. “엄마에게 화가 많이 났구나. 뭐 때문에 화가 났니?”, “동생에게 화가 단단히 난 모양이구나. 동생이 어떻게 했는데?”, “동생에게 화가 났다고 동생이 없어지기를 바라는 것은 아니지?”, “어떻게 하고 싶은 거니?” 현명한 부모라면 이렇게 먼저 아이의 감정을 인정해준 후에 감정을 표현하는 방법에 대해 이야기를 풀어나갑니다.

아동발달학자인 장 피아제 Jean Piaget, 1896-1980 는 “5~7세의 아이들은 어른이 상상하는 것 이상으로 다양한 감정을 느끼며 배운다”고 했습니다. 따라서 이 시기의 아이들이 다양한 감정을 건강하게 만나고 조절할 수 있게 하려면 아이의 감정을 물어봐주고, 그 감정이 어떤 것인지 표현하도록 도와줘야 합니다.

또한 이 연령대는 아이들이 유치원에 가는 시기이며 친구 관계도 활발해지는 등 사회성 발달이 이루어지는 때입니다. 감정을 잘 표현하고 소통할 줄 아는 아이들은 친구와 갈등이 생길 때에 싸우지 않고 말로 잘 풀어가며 친구 관계를 좋게 이끌어갑니다. 반대로 감정을 자각하고 표현하는 데 서툰 아이들은 친구와 갈등이 생길 때 친구를 때리거나 물건을 집어던지는 등 거친 방법으로 표현합니다. 반면에 어떤 아이들은 마냥 참기만 합니다. 따라서 아이가 유치원에 다니는 시기를 전후해서 감정 지도가 본격적으로 이루어져야 합니다.

감정 지도의 원리는
'마음은 받아주고 행동은 고쳐준다'입니다

「아비들아 너희 자녀를 노엽게 하지 말고 오직 주의 교훈과 훈계로 양육하라」 (에베소서 6:4)

아이가 자신의 감정을 건강한 방식으로 잘 다룰 수 있도록 지도하려면 어떻게 해야 할까요? 감정 지도의 원리와 방법은 무엇일까요? 성경에서는 「자녀를 노엽게 하지 말고 주의 교훈과 훈계로 양육하라」고 말합니다. 자녀를 노엽게 하지 않는다는 것은 자녀의 마음을 무시하지 않고, 알아주고 존중해준다는 의미입니다. 「주의 교훈과 훈계로 양육하라」는 말은 감정적으로 제멋대로 행동하도록 내버려두라는 것이 아니라 상황에 맞게 행동하도록 지도해주라는 뜻입니다. 다른 말로 하면 자녀의 마음을 알아주고 행동의 한계를 그어주는 것입니다. 즉, 마음은 받아주되 잘못된 행동에 대해서는 고쳐주는 것입니다. 아이의 잘못된 행동을 바로잡기 위해 사용하는 기법인 '제한적 허용'의 원리와 도 일맥상통합니다.

일례를 들어 애써 만든 장난감을 동생이 망가뜨려 화가 난 아이가 장난감을 집어던지거나 동생을 때립니다. 이때 "동생이니까 네가 참아야지", "동생을 때리다니 넌 나쁜 애야" 이런 반응은 아이가 화난 감정을 자연스럽게 처리하는 데 도움을 주지 못합니다. 부정적 감정은 표현하면 안 된다는 생각을 갖게 되어 감정을 억제하거나, 화를 내는 자신이 '잘못되었다'는 생각을 갖게 합니다.

'마음은 받아주고 행동은 고쳐준다.' 이 원리에 따라 부모가 반응한다면 "애써 만든 장난감을 동생이 망가뜨려서 속상하구나" 또는 "화가 많이 났구나", "엄마랑 같이 부서진 장난감을 다시 만들어볼까?" 이렇게 일단 아이의 속상하고 화난 마음을 달래고 진정시켜야 합니다. 아이가 화난 상태일 때 훈육하는 것은 바람직하지 않습니다. 그것은 자칫 강압이 될 수 있고 아이의 마음에 저항감을 불러일으킵니다. 이런 상황이 반복되면 부모의 말에 반항적인 아이가 되어갑니다. 아이의 마음이 진정된 상태에서 비로소 행동을 바로잡아줄 수 있습니다. "그런데 화가 났다고 물건을 집어던지거나 동생을 때리면 안 돼", "동생이 네 장난감을 망가뜨려서 화난다고 말로 표현해 봐" 이렇게 부드러운 말로 지도합니다.

화를 처리하는 가장 안전한 방법은 말로 표현하게 하는 것입니다. 말로 표현이 안 될 때 아이들은 소리를 지르거나 물건을 집어던지거나 때리는 등 부정적 방법으로 감정을 표출합니다. 그러므로 엄마가 지도한 방식대로 말로 잘 표현하면 "잘했구나!" 하고 칭찬해줌으로써 아이가 문제 상황에서 보다 잘 행동할 수 있음을 확인해줍니다. 그런 다음에 "형아가 화가 나서 너를 때려서 미안해. 너도 형 허락 없이 장난감을 함부로 만지면 안 돼" 이렇게 먼저 사과하고 자신이 원하는 것을 동생에게 요청하게 합니다. 물건을 집어던진 경우에는 "엄마와 같이 정리하자" 이렇게 함으로써 자신의 행동에 대한 책임을 지도록 도와줍니다.

감정 코칭의 세계적인 권위자인 존 가트맨 John Gottman, 1942- 박사는 감정 코칭의 과정을 5단계로 세분화해서 제시했습니다. 먼저 자녀의 감정을 인식하는 단계입니다. 두 번째로 자녀가 감정적 반응을 나타내는 순간을 친밀감 조성과 교육의 기회로 삼습니다. 세 번째는 자녀의 감정에 대해 연결감을 느끼며 공감해주는 것입니다. 네 번째로 자녀가 느끼는 감정에 이름을 붙여주고 감정을 표현하도록 돕습니다. 마지막으로 자녀가 스스로 문제를 해결하도록 이끌면서 행동의 한계를 정해줍니다. 이 단계를 실제로 따라해 보면 이렇게 됩니다.

1단계 '아이가 화가 났구나.'
2단계 '지금이 아이의 화난 감정을 지도할 수 있는 좋은 기회야.'
3단계 '화가 날 수밖에 없겠군. 얼마나 속상할까.'
4단계 "화가 많이 나지?"
5단계 "어떻게 하고 싶니?", "엄마가 어떻게 도와주면 덜 속상할까?"

어린 시절 감정에 대해 잘 이해받고 표현하는 분위기에서 자란 부모는 자녀에 대한 감정 지도가 쉬울 것입니다. 반면에 감정이 무시되거나 억압적인 분위기에서 자란 부모는 감정 지도가 어려울 수도 있습니다. 그렇더라도 좌절하지 말고 꾸준히 연습하는 것이 필요합니다. 연습을 통해 잘할 수 있게 됩니다. 아이의 감정을 잘 인식하고 다뤄주려면 부모 자신도 감정에 솔직해야 하고 표현하는 노력이 필요합니다. 이런 노력을 통해 부모 역시 감정을 잘 다룰 수 있는 힘을 키우게 됩니다. 아이의 성장과 함께 부모 또한 성장해갑니다.

자신의 감정에 대해 인정받고 존중받으며,
솔직하게 감정을 표현하면서도
감정대로 행동하지 않고
분별력 있게 행동하는 것을
배우며 자란 아이들은 자존감이 높습니다.

STEP
06

사춘기 자녀의
부모로 산다는 것

말로 가르치는 부모인가,
삶으로 가르치는 부모인가

"

네 자녀에게 부지런히 가르치며 집에 앉았을
때에든지 길을 갈 때에든지 누워 있을 때에든지
일어날 때에든지 이 말씀을 강론할 것이며

신명기 6:7

"

청소년기 자녀에게 중요한 것은 자신의 정체감을 형성하고, 미래 성인으로서의 삶을 준비하는 것입니다. 이 시기에 올바른 가치관과 신앙관을 심어주는 것은 앞으로 건강하고 행복한 삶을 살아가는 데 매우 중요합니다.

"아이를 어떻게 가르쳐야 할지 모르겠어요."
사춘기 자녀를 둔 모든 부모의 고민입니다

"아이가 예전 같지 않아요. 너무 많이 달라졌어요. 낯설게 느껴질 정도로요. 이전에 했던 방식들이 안 통하네요. 두고 보고만 있자니 엇나갈까 걱정되고, 어떻게 도와줘야 할지 모르겠어요."

사춘기 자녀를 둔 부모들이 일반적으로 겪는 어려움입니다. 예수님의 부모인 마리아와 요셉도 예외는 아니었던 것 같습니다. 성경에는 예수님이 열두 살이 되었을 때 유월절의 관례대로 부모님을 따라 예루살렘에 올라갔다가 사라진 일화가 실려 있습니다. 사흘이 지난 후 성전에서 예수님을 찾은 어머니 마리아는 「아이야 어찌하여 우리에게 이렇게 하였느냐. 네 아버지와 내가 근심하여 너를 찾았노라」라고 말합니다. 그들 역시 열두 살의 예수님을 걱정스런 눈길로 바라보았던 것 같습니다. 그러나 예수께서는 그런 부모님에게 오히려 이렇게 말씀하셨습니다. 「내가 내 아버지 집에 있어야 될 줄을 알지 못하셨나이까」(누가복음 2:48-49). 예수님은 열두 살 때 자신이 '누구인지'에 대한 정체성과 '앞으로 내가 해야 할 일이 무엇인가?', 즉 자신의 사명 (소명)에 대한 분명한 자각이 있었습니다.

사춘기는 부모에게 의존했던 삶에서 서서히 분리되어 성인으로서의 삶을 준비하는 과도기적 단계라고 할 수 있습니다. '나는 누구인가?', '앞으로 뭘 해야 행복할까?' 등 자신의 정체성을 찾고 직업적 소명을 발견해가는 시기입니다. 또한 「예수는 지혜와 키가 자라가며 하나님과 사람에게 더욱 사랑스러워 가시더라」(누가복음 2:52)에서 알 수 있듯이 사춘기는 급격한 신체적인 성장과 함께 지적 사회적 신앙적인 면에서 균형적인 성장을 도모해가는 시기입니다. 이렇게 사춘기는 '제2의 탄생'이라고 불릴 정도로 질적인 변화가 일어나는 시기입니다.

사춘기 자녀의 가장 먼저 눈에 띄는 변화는 외모입니다. 자녀들의 몸은 더 이상 아동이 아닌 남성으로서, 여성으로서의 모양새로 바뀌어갑니다. 옷도 부모가 골라주는 것을 마다하고 자신의 취향에 맞춰 입습니다. 머리 모양에서부터 옷 입는 스타일, 신발까지 부모가 보기에는 거북할 정도로 자신만의 독특한 방식을 고집합니다. 이런 일련의 변화들은 자녀가 자신만의 정체성을 추구하는 시도로 보아야 합니다.

사춘기 자녀들은 그동안 당연시해왔던 것들에 대해 질문하기 시작합니다. '공부를 왜 하지?', '대학은 꼭 가야 해?', '교회는 왜 가야 하는데?', '학교의 규칙을 지켜야 할 필요가 있을까?' 등 이 전까지는 잘 따랐던 부모의 가르침에 이의를 제기하며 따라야 할 '타당한 이유'를 물어옵니다. 이때 '무슨 이유가 있어, 무조건 하라면 해' 하는 식의 강압적 태도는 더 이상 자녀에게 먹히지 않습니다. 오히려 '우리 엄마 아빠와는 말이 안 통해' 하는 식의 대화의 단절, 관계의 악화를 부를 수 있습니다. 자녀와 대화가 단절되거나 관계가 악화된 상황에서 더 이상 부모는 자녀들을 가르칠 만한 영향력을 가질 수 없게 됩니다. 자녀들의 "왜?"라는 질문에 부모가 반감을 갖지 않고 부드러운 말로 설명해줄 수 있을 때 부모와 자녀 관계는 돈독해질 수 있습니다.

사춘기는 부모의 도움을 필요로 하지 않는 시기가 아니라 지금까지 부모가 해왔던 것과는 다른 방식의 도움을 필요로 하는 시기입니다. 부모가 '알아서 다 해주었던' 것에서 어떤 부분은 '스스로 하도록' 책임을 넘겨주지만, 어떤 면은 여전히 부모가 관심을 가지고 지도해야 할 부분도 있습니다.

'나는 누구인가?' 이 질문에 대한 자신만의 확실한 답이 있을 때 자녀들은 자신의 미래를 향해 달려갈 추진력을 얻게 됩니다. 그러나 우리나라의 청소년들에게는 이 모든 질문에 대한 답은

'일단 대학에 붙고 나서'로 유보됩니다. 이 때문에 많은 청소년들이 갈 바를 알지 못하고 방황합니다.

신앙은 자녀의 자아정체성 형성과 가치관 형성에 큰 영향을 주는 것으로 밝혀졌습니다. 신앙은 부모가 자녀에게 물려줄 수 있는 가장 큰 유산이기도 합니다. 「너는 마음을 다하고 뜻을 다하고 힘을 다하여 네 하나님 여호와를 사랑하라」(신명기 6:5). 이 말씀처럼 자녀에 대한 신앙교육의 핵심은 신앙의 형식을 전수하는 것이 아니라 자녀가 하나님의 사랑을 느끼고, 하나님을 신뢰할 수 있도록, 즉 하나님과의 인격적 관계를 맺도록 이끄는 것입니다.

「집에 앉았을 때에든지 길을 갈 때에든지 누워 있을 때에든지 일어날 때에든지 이 말씀을 강론할 것이며」(신명기 6:7). 이 말씀은 신앙교육이 삶 속에서 이루어져야 하며, 삶을 통해 가르치라는 의미로 해석될 수 있습니다. 자녀에게 하나님의 말씀을 가르치는 가장 효과적인 방법은 부모가 가정에서 일상의 삶을 통해 몸소 보여주는 것입니다. 자녀는 부모의 삶을 통해 가장 잘 배울 수 있기 때문입니다.

사춘기 자녀의 자존감은
부모라는 '거울'을 통해 형성됩니다

"나는 누구일까?"

"앞으로 뭘 하면 잘할 수 있고 행복할까?"

사춘기 자녀의 정체성과 관련된 이런 질문에 대한 답을 스스로 얻기 위해서는 자신이 어떤 사람인지 비쳐주는 '거울'이 있어야 합니다. "너는 이런 애야", "너에게만 있는 좋은 점은 이거야." 이런 거울 역할을 하는 중요한 대상이 바로 부모입니다.

"넌 정직해", "넌 용기 있어", "넌 어려서부터 배려심이 남달랐단다." 부모의 이런 반응을 통해 자녀는 "난 남을 돕는 일을 좋아해. 커서 봉사하는 일을 하고 싶어", "난 컴퓨터에 관심이 많아. 컴퓨터 프로그래머가 될 거야", "난 운동을 좋아하고 잘하니 스포츠 스타가 되고 싶어" 등 자신이 어떤 사람인지, 무엇을 좋아하는지, 어떤 일을 잘하는지, 앞으로 뭘 해야 행복할지, '자아상'의 형성과 함께 미래를 위한 준비를 해나갑니다. 자녀들이 어떤 분야에서 뛰어나기를 원하는 부모라면 자녀에게 자신이 좋아하는 것이 무엇인지 알게 하는 것이 중요합니다. 자신이 좋아하는 일을 하면 잘하게 되어 있습니다.

　그런데 우리 부모들은 오로지 자녀의 성적에만 관심을 갖습니다. 이런 부모의 반응을 통해 아이들은 '난 공부 잘하는 애', '난 공부 못하는 애' 이렇게 자신을 규정합니다. 그리고 '공부 못하는 애'라는 부정적 자아상을 가진 아이는 '난 아무 쓸모도 없는 존재'라며 낙심하고 좌절하고 무력감을 느낍니다. 이런 상태에서는 공부뿐만 아니라 자신의 인생마저 포기하고 순간순간 충동적인 삶을 살게 됩니다. 공부 잘하는 자녀 또한 마찬가지로 자신의 가치는 오직 공부를 잘하는 데 있는 것으로 생각하고 지나치게 성적에 매달리며 불안해합니다.

　부모가 사춘기 자녀에게 줄 수 있는 가장 큰 인생의 선물은 '자존감'입니다. 자녀의 성적보다 자존감에 주목하십시오. "나는 누구인가?" 자녀의 이 질문에 대한 가장 확실한 답은 "나는 소중한 존재"이며 "가치 있는 사람"이라는 것입니다. 자존감이란 자신이 가치 있는 존재라는 확신과, 그런 자신에 대한 믿음, 즉 '자기 가치감'과 '자신감'이라고 하버드대학교의 조세핀 김 교수는 말했습니다.

　자존감이 높은 아이들은 공부·친구 관계·놀이·운동 등 여러 가지 일들을 균형 있게 해나가며, 실패했을 때에도 딛고 일어서는 회복탄력성이 큽니다. 마치 바닥을 치고 튀어 오르는 고무공과 같습니다. 자존감이 높은 아이들은 '나는 괜찮은 애야' 하는 긍정적인 자아상을 갖고 있으며, '잘할 수 있다'는 자신감과 함께 타인에 대한 공감 능력도 높아 친구 관계도 원만한 것으로 나타났습니다. 반면에 자존감이 낮은 아이들은 성적이나 타인의 평가에 민감하고 비난이나 실패에 대한 두려움을 갖고 있습니다. '사람들은 나를 좋아하지 않을 거야', '나를 싫어하면 어쩌나' 하는 두려움 때문에 사람들에게 잘 다가가지 못하고 위축됩니다. 역경의 순간에 마치 유리공처럼 부서집니다.

이처럼 자녀에게 성적보다 중요한 자존감은 자녀를 대하는 부모의 태도에 좌우됩니다. 그리고 이 자존감은 말 그대로 자녀가 부모로부터 자신의 존재 자체에 대한 존중과 사랑을 경험할 때 생깁니다. 안타깝게도 우리나라의 자녀들은 부모의 사랑과 인정을 얻기가 쉽지 않습니다. 많은 부모들이 자신이 기대하는 조건을 만족시킬 때 자녀를 인정하고 사랑해줍니다. 이러한 조건적인 사랑으로는 자녀가 자존감을 갖기 어렵습니다. 조건을 만족시켰을 때에만 자신이 '괜찮은 존재'라고 느끼고 그렇지 않을 경우에는 '형편없다', 심지어는 '무가치하다'고 느끼기 때문입니다.

진수는 중학교 때까지 공부를 잘하는 아이여서 특목고에 진학했습니다. 그러나 고등학교에서 본 첫 시험에서 기대에 못 미치는 낮은 성적을 받아 많이 좌절하고 낙심했습니다. 그리고 이때 받은 충격으로 방황하기 시작했습니다. 집에 늦게 들어오고 친구들과 밖에서 밤늦도록 어울리는 시간이 많아졌습니다. 중학교 때까지 진수는 공부하라는 엄마의 성화에 못 이겨 그토록 좋아하는 축구도 못하고 TV도 마음 놓고 볼 수 없었습니다. '그동안 하고 싶은 것도 못하고 죽어라 공부만 했는데, 그 결과가 이게 뭐야.' 억울했던 진수는 그동안 억눌렀던 분노를 엄마에게 다 쏟아내기 시작했습니다. "엄마가 나 초등학교 입학해서부터 중학교 때까지 9년 동안 공부하라고 괴롭혔지. 9년 동안 엄마 때문에 힘들었던 것 복수할 거야. 나 공부 포기할래. 더 이상 나에게 공부 기대하지 말고 제발 나를 포기해줘!" 진수의 절규입니다.

이처럼 부모의 조건적인 사랑과 인정은 자녀가 그 조건을 충족시키지 못했을 때 자신까지 포기하도록 만듭니다. 자녀에게 필요한 것은 부모의 무조건적인 사랑입니다. 자녀의 존재 자체에 대한 사랑입니다. 무조건적인 부모의 사랑은 자녀의 성장에 빼놓을 수 없는 자양분입니다. 그러므로 부모가 가장 먼저 해야할 일은 자녀의 마음속에 자신은 '부모가 원하고 사랑하는 존재라는 확신'을 심어주는 것입니다. 부모의 사랑을 얻기 위해 굳이 노력할 필요도 없고 달라져야 할 필요도 없습니다. 지금 이 모습 그대로 충분합니다. 이것이야말로 조건 없는 사랑의 본질이며, 자녀가 성장하기 위해서는 충분한 무조건적 사랑을 경험해야 합니다.

부모가 변해야
자녀가 변합니다

　사춘기 자녀는 부모와의 관계에서 변화를 요구합니다. 강요나 과잉보호가 아닌 관심을, 일방적인 지시나 '네가 알아서 하라'는 식의 방임이 아닌 "우리 함께 좋은 방법을 찾아보자"와 같은 협력적 방식을 원합니다.

　자녀의 잘못된 행동에 대한 책임을 자녀에게만 돌리지 말아야 합니다. 대부분의 부모들은 자녀들의 문제에 대해 "넌 좀 이상한 애야", "뭔가 부족해"라는 식으로 자녀에게 책임을 돌립니다. "왜 집중하지 못하니?", "제발 까다롭게 굴지 좀 마", "왜 시키는 대로 하지 못해?"와 같은 비난 속에는 이런 태도가 반영되어 있습니다. 문제 되는 행동에 대해 무조건 자녀가 잘못됐다는 식이 아닌 '잘 안 되는 이유가 뭘까?', '자녀를 대하는 나의 방식에 문제가 있는 건 아닐까?' 되돌아보는 태도가 필요합니다. 자녀의 사춘기는 부모의 인내심과 평정심을 필요로 합니다. 부모가 자녀를 가르치는 능력은 다름 아닌 부모인 나 스스로를 잘 다루는 능력입니다. 자녀의 행동을 바꾸려고 시도하기 전에 자녀를 대하는 내 태도에서 고쳐야 할 점은 없는지 스스로 돌아보는 것이 먼저여야 합니다.

부모 역할을 잘할 수 있는 비밀은 '아이들을 위해 부모가 무엇을 해야 하는가'가 아니라, '부모가 어떤 사람이 되어야 하는가'에 있습니다. 즉, 부모 역할의 핵심은 '부모의 삶' 그 자체입니다. 왜냐하면 자녀들은 부모의 말로 하는 가르침이 아닌, 부모의 '삶'을 통해 가장 잘 배우기 때문입니다. 따라서 자녀의 사춘기는 자녀를 바꾸려는 시도를 포기하고 부모가 변하고 성장해야 할 부분이 무엇인지 진지하게 고민해야 할 때입니다.

많은 부모들이 어떻게 하면 아이가 '내 말을 듣게 할까', '게임을 안 하고 공부를 하게 할 수 있을까', '스스로 자기 방을 치우게 할 수 있을까'의 문제로 고민하는데, 자녀의 행동보다 더 관심을 가져야 할 부분은 부모와 자녀 사이의 '관계'입니다.

잘 가르치려면 자녀가 부모와 가까워야 합니다. 부모를 좋아하게 되면 자녀는 굳이 이래라 저래라 하지 않아도 부모가 중요하게 여기는 것을 따르고 싶어 하며, 그렇게 하게 되어 있습니다. 자녀와 평소에 친밀한 관계를 맺고 있는 부모는 자연스럽게 자녀의 멘토로서 교사의 역할을 수행합니다. 자녀와 관계가 좋은 부모는 자녀가 세상으로 모험을 떠날 때의 베이스캠프이고 힘들 때 기댈 수 있는 언덕이며 영감의 원천이기도 합니다.

식물이 성장하려면 먼저 뿌리를 내려야 하고 그러고 나서야 열매를 맺는 것이 가능해집니다. 자녀가 마음의 뿌리를 내릴 수 있는 든든한 언덕이 되어주는 부모로 성장해가는 것, 이것이야말로 가장 훌륭한 자녀 교육입니다.

사춘기 자녀의 반항을
건강한 자기 주장으로 바꿔주세요

"엄마, 내 일은 내가 알아서 할 테니 제발 간섭하지 말아주
세요."

자녀가 사춘기가 되었음을 알리는 첫 번째 신호탄은 '반항적 행동'입니다. 이전까지는 부모 말에 고분고분 잘 따르던 아이가 언제부터인가 부모에게 간섭하지 말라고 짜증을 냅니다. 엄마 때문에 자기 인생을 망쳤다고 억지를 부립니다. 자녀의 반항은 부모에 대한 반항이 아니라 부모가 자신을 대하는 방식이 잘못되었다고 말하는 것이며, 그 방식을 바꿀 것을 요청하는 것으로 이해하면 됩니다. 부모에게 무조건 반항하는 자녀는 없습니다. 대부분의 자녀는 부모를 존경하고 싶어 하며 부모를 따르고 싶어 하는데, 부모가 자신을 대하는 방식을 싫어하는 것입니다.

　자녀의 반항은 부모에 대한 '심리적 저항감'으로, 부모가 자신을 강압적으로 대한다고 느낄 때 나타납니다. 반항은 수동성, 꾸물거림, 기대와 반대되는 행동 등으로도 표현되며 게으름이나 비자발성을 통해서도 드러납니다. 반항적인 아이들은 규칙 위반, 반사회적 태도에 매혹되곤 합니다. 표면적으로 어떻게 드러나든 그 밑에 깔린 동기는 강압당하는 것에 대한 저항입니다. 반항적인 아이들에게는 부모에게 중요한 일일수록 더욱 하기 싫은 일이 될 수 있습니다. 방 치우라고, 숙제 하라고, 동생과 사이좋게 지내라고 강요할수록 아이들은 더욱 말을 듣지 않습니다. "그렇게 할수록 더 하기 싫어져요."

자녀의 반항, 또는 공격성은 부모가 잘 다루어주면 자율성을 키워주는 원동력이 됩니다. 인간의 성장 발달은 부모에 대한 '의존'에서 '분리'와 '개별화'의 과정으로 볼 수 있습니다. 자녀는 '싫다'는 경계선을 세움으로써 자신만의 고유한 영역을 지킬 수 있게 됩니다. 마치 막 자라기 시작한 잔디가 튼튼히 뿌리를 내릴 때까지 보호 울타리를 쳐주듯이 말입니다. 사춘기 자녀의 반항은 가족에 대한 심리적 의존도를 낮추고 가족이라는 고치에서 나와 더 넓은 세상으로 나아가는 힘이 됩니다. 자신의 의지에 반하는 부모의 기대와 요구에 대해 '싫다'고 함으로써 아이는 '자기 자신'이 되어갈 수 있는 자율성과 자기결정성을 가지게 됩니다. 사춘기 자녀의 반항은 발달적 측면에서 정상적인 것이라 할 수 있습니다.

부모와 친밀한 관계를 잘 형성한 아이들에게 반항은 금방 지나가는 바람과 같습니다. 반항 행동에 대해 부모가 지혜롭게 반응하면 자녀는 의존성에서 벗어나 자율성을 얻게 되며, 성숙해감에 따라 대항 의지는 사라지게 됩니다. 그러나 반항에 대해 강압 일변도로 대하거나 무조건 받아주면 더욱 고집스러워지거나 의존적인 단계에 고착되기 쉽습니다.

"공부하면 네가 원하는 것을 사줄게", "게임 많이 하면 용돈

안 줘. 친구 못 만나게 할 거야." 이런 회유 혹은 위협적 방식은 웬만하면 사용하지 않는 것이 좋습니다. 강압적으로 하게 만든 모든 행동은 자발적으로 하지 않게 되기 때문입니다.

사춘기 스트레스로부터 아이들을 보호하는 것 역시 부모와의 끈끈하고 친밀한 관계입니다. 자녀들이 설령 친구들에게 왕따를 당해 상처를 입더라도 부모와의 애착 관계가 안전하게 형성되어 있는 한 보호받을 수 있습니다. 최근 학교에서 왕따를 경험한 청소년을 대상으로 한 우리나라의 연구도 비슷한 결과를 보여줍니다. 왕따의 경험은 청소년들에게는 일종의 트라우마입니다. 이후의 발달 과정에 대한 연구 결과, 왕따라는 트라우마를 통해 개인적인 성장과 성숙을 이뤄낸 청소년들이 있는가 하면 트라우마 이후 무너진 청소년들도 있었습니다. 이 두 집단 간의 차이는 고통스런 경험 이후에 이들의 아픔을 이해해주고 공감해준 지지적인 관계를 가족이나 다른 관계를 통해서 경험했느냐의 여부에 있었습니다.

이처럼 지지적 관계, 다시 말해 애착 관계의 경험은 특히 위기를 겪는 사춘기 자녀들에게 매우 중요합니다. 청소년들을 대상으로 한 여러 연구에서도 부모와 강한 정서적 결속력을 유지하고 있는 십대들은 약물이나 알코올 문제에 노출되거나, 자살을 시도하거나, 폭력적인 행동을 하거나, 성에 일찍 눈뜨게 될 확률이 훨씬 낮았습니다.

자녀가 반항이나 공격적 행동을 하게 만드는 내적 요인인 좌절감은 부모와의 대화가 부족하거나 무시를 당할 때 느끼는 감정입니다. 이때 자녀를 포용하고 안아주는 것은 마음에 온기를 전해줍니다. 자녀에게 용기를 북돋아주거나 격려해주는 것과 같이 정서적 정신적으로도 붙잡아주는 것이 사춘기 자녀에게 필요합니다.

궁극적으로 부모가 자녀에게 줄 수 있는 최고의 선물은 자녀의 존재 자체에 대한 기쁨을 표현하는 것입니다. 자신이 부모에게 특별하고 소중한 존재, 기쁨이 되는 존재라는 것을 알아야 합니다. "네가 자랑스럽다!" 자녀가 부모에게 가장 듣고 싶어 하는 말입니다.

자녀를 격려하고
보다 나은 행동을 할 수 있도록 이끌어주세요

반항하는 자녀에 대해서는 문제 행동을 고치려는 시도나 집착을 버리고 먼저 자녀와의 관계 형성에 관심을 기울이고 노력해야 합니다. "엄마 아빠, 싫어요. 틀렸어요." 자녀에게 이와 같은 공격을 당할 때 부모는 공격에서 살아남아야 합니다. 공격에서 살아남는다는 것은 자녀와 똑같이 화를 내거나 "네가 그렇게 대들면 너에게 아무것도 해줄 게 없어" 하는 식의 심리적 보복을 하지 않는 것입니다. 부모는 위엄을 유지해야 하며 자녀의 공격을 감정적으로 받아들이는 대신 자녀의 좌절감에 초점을 맞춰야 합니다.

"나한테 화가 많이 났구나. 나중에 다시 얘기하자." 위협적이지 않게 우호적이고 따뜻한 어조로 얘기해야 합니다. 그럼으로써 자녀와의 충돌을 관계 회복의 기회로 삼을 수 있습니다. 이렇게 하려면 부모는 자녀가 공격할 때 상처받지 않고 견뎌낼 수 있는 '맷집'이 있어야 합니다. 맞지만 쓰러지지 않고 비난을 들어도 넘어지지 않으며 아이를 끝까지 기다릴 수 있는 부모, 버티기 잘하는 부모가 사춘기 자녀에게 '최고의 부모'입니다.

자녀의 행동 이면의 감정에 초점을 맞추어 반응할 때 자녀는 부모의 반응을 배움으로써 공격적인 행동으로 표출하지 않고 "나는 아빠가 강압적인 방식으로 얘기하면 화가 나고 답답해요", "무조건 제게 하라고 강요하지 마시고 납득할 수 있도록 설명해주세요" 이런 식으로 건강한 자기주장을 할 수 있게 됩니다.

'반항적인 청소년은 실은 낙심하고 의기소침한 상태이다'라는 말이 있습니다. 사춘기 자녀들의 반항은 자기 뜻대로 되지 않아 힘들 때, 낙심하고 슬플 때 하는 행동일 수도 있습니다. 이럴 때는 위로가 필요합니다. "네가 기대했던 게 아니라 많이 실망했겠구나." 일단 자녀의 마음에 공감해준 다음에 바람직한 행동으로 이끌어주어야 합니다. "쉽지는 않겠지만 한번 시도해보겠니?", "하고 싶은 말 다 했니? 그럼 이제 아빠가 말할 차례구나", "소리 지르지 말고 조용히 말해봐라." 이렇게 무조건 하라고 하거나 이래라 저래라 하는 식이 아닌 권유여야 하며, 비난이 아닌 대안 행동을 제시하는 말이어야 합니다.

사춘기는 급격한 변화와 성장과 더불어 불안이나 충동성·우울·반항 등 소위 사춘기 특유의 성장 히스테리가 나타나기도 하는, 즉 성장통을 앓는 시기입니다. 쉽게 흥분했다가 곧 무기력해지고, 순응적인 듯싶다가 반항적이고 고집불통이 되기도 합니다. 모든 것을 할 수 있을 것같이 자신만만하다가 금방 자신을 아무짝에도 쓸모없다고 여기기도 합니다. 사춘기 자녀의 마음은 마치 롤러코스터를 타는 것처럼 변화무쌍합니다. 비유를 들자면, 어른이 되어가기 위해 '공사 중'인 시기가 사춘기입니다. 완성된 건물이 아닌 공사 중인 건물 주변은 거칠고 때로는 위험하기조차 합니다. 그러나 거친 부분을 잘 갈고 다듬고 위험한 부분에 울타리를 치고 공사를 잘 마쳤을 때 완공된 건물은 견고하고 아름답습니다.

사춘기는 한 인간의 생애에서 무한한 성장 잠재력을 지닌 시기인 동시에 매우 불안정한 위기의 시기이기도 합니다. 성장으로 갈 것인가? 혼란과 방황으로 갈 것인가? 기로에 선 자녀들에게 성장으로 이끄는 지렛대 역할을 하는 것이 바로 부모입니다. 이 역할을 잘 해낼 수 있기 위해서는 말로 가르치는 부모가 아닌 삶으로 보여주는 부모여야 할 것입니다.

자녀가 마음의 뿌리를 내릴 수 있는
든든한 언덕이 되어주는 부모로 성장해가는 것,
이것이야말로 가장 훌륭한 자녀 교육입니다.

STEP 07

자녀 떠나보내기

충분히 사랑받아야 홀로 설 수 있다

"

너는 청년의 때에
너의 창조주를 기억하라.

전도서 12:1

"

청년기는 부모로부터 독립하여 성인으로서의 새로운 삶을 출발
하는 시기입니다. 직장생활과 결혼을 준비하는 인생의 중요한
때인 동시에 자신만의 가치관·인생관·신앙관을 확립하기 위
해 갈등하고 방황하는 시기이기도 합니다.

청년기는 자녀가 세상 속으로
나갈 준비를 하는 시기입니다

"아이들이 대학만 들어가면 모든 게 쉬워질 줄 알았어요. 그
런데 점점 더 어려워지네요. 대학 공부도 그렇고, 취업도 그
렇고, 결혼 문제도 그렇고…."

부모들은 자녀들이 대학에 들어가기만 하면 한시름 덜었다고
생각합니다. 부모 역할이 다 끝났다고 생각하는 사람도 있습니
다. 그러나 뜻밖에도 청년기 자녀를 둔 부모들에게는 여전히 고
민이 많습니다. 말로는 자기가 다 알아서 한다고 하는데 도저히
믿음도 안 가고 이해하기 어려운 자녀들의 사고방식과 행동 때
문에 부모는 속으로 냉가슴을 앓습니다.

자녀 역시 마찬가지입니다. 대학에 들어가면 모든 게 다 될 줄
알았는데 공부·연애·취업·결혼 뭐 하나 쉬운 게 없습니다. 오
히려 상황은 점점 더 어려워지고, 잘하고 싶은 마음은 간절하지
만 잘할 수 있는 자신은 없고, 미래는 불안하고 두렵기만 한데
부모들은 이런 힘든 마음을 이해 못하고 자신들의 방식을 강요
합니다.

청년기는 자녀가 부모에게 의지해왔던 것에서 떠나 자기 스스로 삶의 방향을 정하고 세상으로 나갈 준비를 해야 하는 과도기적 시기입니다. 어떤 직장을 가질 것이며, 누구와 결혼해 가정을 꾸밀 것이며, 삶의 진정한 목표를 어디에 두어야 할지 깊이 고민하는 시기입니다. 이 시기가 자녀에게나 부모에게는 그 어느 때보다 어려운 시기이고, 자녀들이 부모의 이해와 도움과 조언을 필요로 하는 시기이기도 합니다.

　성경을 보면 청년이 된 야곱은 결혼을 위해 부모를 떠나면서부터 그의 새로운 인생 여정을 시작합니다 (창세기 28). 이처럼 청년기는 자녀가 부모로부터 독립하여 자기 스스로 새로운 인생 길을 개척하는 시기입니다. 그동안 익숙했던 환경을 떠나 앞으로 자기 앞에 펼쳐질 낯설고 불확실한 미래에 대한 기대와 두려움, 불안으로 가득찬 시기이기도 합니다. 야곱에게 브엘세바를 떠나 하란으로 향하는 길은 노상에서 돌을 베개로 삼고 잠을 청할 정도로 거칠고 고단하며 외로운 여정이었습니다. 불안하고 두렵고 의지할 대상조차 없는 외로운 여정에서 그는 하나님을 만났고, 자신의 하나님으로 받아들이게 됩니다. 아브라함의 하나님, 이삭의 하나님, 즉 부모의 신앙이 아닌 자신의 신앙을 가지게 됩니다. 또한 신앙 안에서 「내가 너와 함께 있어 네가 어디로 가든지 너를 지키며 너를 이끌어 이 땅으로 돌아오게 할지라」
(창 28:15)라는 약속의 말씀을 통해 자신의 확고한 비전도 발견하
게 됩니다. 벧엘에서 체험한 하나님과의 만남은 야곱의 인생에
서 새로운 출발의 분기점이 되었습니다.

청년기는 '나'를 찾기 위해
갈등하고 방황하는 시기이기도 합니다

"나는 누구인가?"

사춘기가 자아정체감에 대한 질문을 시작하는 단계라면 청년
기는 이 질문에 대한 답을 본격적으로 찾고 확정하는 시기라고
할 수 있습니다. 자아정체감이란 '나는 누구이며, 앞으로 어떤
직업을 택할 것이며, 누구와 결혼할 것인가? 무엇을 위해 어떻
게 사는 것이 의미 있고 행복한 삶인가?'에 대해 고민하고 자기
자신의 가치관을 확립하는 것을 말합니다. 자아정체감이 형성
되어야 삶의 목표가 정해지고 주변에 흔들리지 않고 목표를 향
해 정진할 수 있습니다. 자아정체감이 형성되어야 자신만의 가

치관을 형성하는 것이 가능해지며 직업 준비와 배우자 선택이 가능해집니다.

에릭슨에 따르면 자아정체감의 형성은 일순간에 이루어지는 것이 아니라 몇 단계를 거치며 점진적으로 이루어집니다. 이를 위해서는 먼저 부모나 권위적 인물들의 가치관과 생활 태도를 무조건적으로 받아들였던 상태에서 벗어나는 것이 필요합니다. 부모님이나 선생님들의 가르침이나 가치관에 회의가 생기고 의문을 제기하는 심리 상태를 거쳐야 합니다. 이런 상태를 '정체감 위기' 혹은 '정체감 유예'라고 합니다. 이 단계는 권위나 기성세대에 대해 회의하며 불신하고 반발하며 자기 자신을 발견하기 위해 이것저것 시도해보는 과도기적 단계로, 아직 자신만의 가치관이나 생활 태도를 정립하지 못해 혼란스러운 상태입니다.

이런 혼란과 위기를 겪으면서 고민하고 방황하다가 어떤 계기를 통해 자기 나름의 가치관과 삶의 목표를 발견하고, 새로운 결단을 내리고, 소명의식을 분명히 하게 되는 '정체감 형성'을 이루게 됩니다. 야곱에게 자아정체감 형성의 결정적인 계기는 '하나님과의 인격적인 만남'이라는 사건을 통해서였습니다.

자아정체감 형성과 대조적인 상태는 아직 부모나 권위적 인물들의 가치관과 생활 태도를 무조건적으로 받아들여 자신의 것으로 내면화한 상태입니다. 이것을 '정체감 폐쇄' 혹은 '정체감 조기결정'이라고 하며, 이런 상태에서는 독립적인 삶이 아니라 의존적인 삶을 살게 됩니다. 소위 말하는 '범생이들'이 이 범주에 속하며, 우리나라 청년들의 11퍼센트 정도가 여기에 해당된다고 합니다.

또한 '자아정체감 혼돈'은 자아정체감 형성과 대조적으로 삶의 의미나 목표 등에 대해 질문해보거나 고민해본 적이 없이 세상 사람들이 사는 대로 주변 환경에 이리저리 휩쓸려 사는 심리 상태를 말합니다. 이들의 삶은 일관성이 없고 산만하며 믿음직스럽지 못합니다.

청년기 자녀를 둔 부모들은 방황하고 고민하는 자녀들을 부모의 잣대로 평가하고 비난하고 부모의 가치관이나 삶의 방식을 일방적으로 강요하기보다 자녀들의 갈등과 고민을 진지하게 듣고 이해하려는 태도가 필요합니다. 또한 부모 자신의 청년기 때 경험을 자녀와 함께 나누며 그리스도인으로서의 바른 가치관과 자아정체감을 세울 수 있도록 도와야 합니다.

자아정체감을 잘 형성한 대표적인 성경의 인물은 다니엘입니다. 다니엘은 청년시절 바벨론 느부갓네살 왕의 포로 신분이었습니다. 그럼에도 불구하고 그는 왕의 명령을 따르기보다 「뜻을

정하여 왕의 음식과 그가 마시는 포도주로 자기를 더럽히지 아니하였고」라고 성경은 말하고 있습니다. 즉, 다니엘은 자신만의 분명한 가치관을 세우고 세상의 풍조를 따르지 않으며 세상과 구별된 삶을 살았습니다. 그 결과 하나님의 은혜와 긍휼, 즉 하나님의 축복을 얻었습니다(다니엘 1:8~9).

슈바이처나 빌 게이츠, 이태석 신부 등도 자아정체감을 형성한 대표적인 인물로 꼽을 수 있습니다. 이들의 공통점은 세상 사람들이 선망하는 직업인 변호사나 의사로서 성공적인 삶을 살기보다는, 세상의 평가와는 무관하게 자신만의 의미 있고 보람된 일을 선택하여 사회에 공헌한 사람들이라는 점입니다. 이처럼 자신만의 분명한 신앙관 또는 가치관을 세운 사람들은 자신이 가치 있다고 선택한 삶을 흔들림 없이 꿋꿋하게 살아갑니다.

세상을 향해 내딛는 청년들의 발걸음은
불안하고 두렵습니다

'아프니까 청춘이다'라는 말이 있듯이 세상을 향해 발을 내딛는 청년들의 심리 상태는 '불안·혼란·두려움·자신감 부족'으로 표현할 수 있습니다. 이런 부정적인 감정에 적절히 대처하지 못했을 때 강박적 행동이나 중독, 지나친 자기 몰두나 자기과시, 우유부단이나 책임 회피와 같은 의존심, 우울 등의 부적응 행동이 나타날 수 있습니다.

부모들은 최선을 다해 자녀를 키웠다고 생각하기에 청년기 자녀의 부정적인 모습이나 행동을 보면 안타까울 수밖에 없습니다. 그래서 그런 모습을 보이는 자녀들을 설득하거나 비난하게 됩니다. 그러나 이런 방식은 자녀의 행동에 변화를 가져오기보다는 오히려 관계를 악화시키거나 단절시키는 결과를 가져옵니다.

가장 효과적인 방법은 자녀 스스로 변화할 수 있는 의지와 힘이 생기도록 돕는 것입니다. 낙심한 자녀들에게 필요한 것은 부모의 격려입니다. 부모로부터 사랑과 인정과 존중을 받은 자녀는 긍정적인 자아상(자존감)을 갖게 되지만, 비난을 받거나 신뢰 받지 못하고 자란 자녀는 부정적 자아상(열등감)을 가지게 됩니다. 자녀가 자기과시·중독·불안·강박적 행동·우울감 등의 부정적인 행동 특성을 보이게 되는 내적인 요인은 바로 부정적 자아상, 즉 열등감입니다.

불안과 두려움을 극복하게 하는 힘은
부모의 사랑과 인정에서 나옵니다

  야곱은 청년기의 어려움을 딛고 성공적으로 성인으로 성장한 사람입니다. 그는 채 어른으로 성장하기도 전에 형 에서의 미움을 피해, 부모의 품을 떠나 불확실한 미지의 땅으로 길을 떠납니다. 그 후에도 여러 가지 역경을 만났지만 잘 헤쳐나갔고, 결국 자신이 사랑하는 배우자와 결혼하는 데 성공합니다. 열 번이나 품삯을 변경하는 직장상사인 외삼촌 라반 밑에서 20년 동안 성실하게 일한 결과 성공한 목축업자가 되어 금의환향하게 됩니다(창세기 28-32).

  야곱이 이처럼 역경 가운데서도 결혼과 직업적 성공이라는 인생의 과제를 성공적으로 수행할 수 있었던 것은 하나님과의 인격적 만남이라는 신앙의 힘이 뒷받침되었기 때문입니다. 하나님은 벧엘에서 야곱에게 「내가 너와 함께 있어 네가 어디로 가든지 너를 지키며 너를 이끌어 이 땅으로 돌아오게 할지라. 내가 네게 허락한 것을 다 이루기까지 너를 떠나지 아니하리라」(창세기 28:15)라는 약속의 말씀을 주셨습니다. 야곱은 이후에도 인생의 위기를 여러 번 맞았지만 그때마다 하나님께 매달렸고 하나님의 도우심을 경험했습니다. 「주께서 주의 종에게 베푸신 모든 은총과 모든 진실하심을 조금도 감당할 수 없사오나 내가 내 지팡이만 가지고 이 요단을 건넜더니 지금은 두 떼나 이루었나이다」(창세기 32:10). 야곱은 자신에게 베푸신 하나님의 은총과 자신에게 약속하신 모든 것을 지키신 하나님의 신실하심을 체험하면서 인격적으로 영적으로 성숙한 사람으로 변해갔습니다.

야곱은 역경과 고난 가운데서도 자신을 지지하고 이끌어주신 하나님, 즉 건강한 권위적 대상을 경험했기 때문에 자신에게 닥친 여러 가지 부당함이나 억울함에도 꺾이지 않고 버텨낼 수 있었습니다. 이처럼 역경을 극복하는 것은 혼자만의 힘으로는 어렵습니다. 믿을 수 있는 대상과의 애착 관계가 바탕이 되어야 가능합니다. 부모의 품을 떠난 야곱에게는 하나님에 대한 믿음의 힘, 신앙의 힘이 컸습니다.

야곱이 일생 동안 하나님으로부터 떠나지 않고 친밀한 관계를 유지할 수 있었던 데에는 부모의 힘이 컸다고 볼 수 있습니다. 야곱은 어려서부터 어머니 리브가의 사랑을 많이 받으며 어머니와 친밀한 관계를 경험했습니다. 그는 어려서부터 사랑이 무엇인지 경험하여 알고 있던 사람이었습니다. 그 사랑을 알았기에 인생의 위기마다 더 큰 사랑이신 하나님께 나아오며 매달릴 수 있었습니다. 야곱은 또한 아버지 이삭의 축복, 즉 아버지의 인정을 받은 아들이었습니다. 「이삭이 야곱을 불러 그에게 축복하고 또 당부하여 이르되 … 전능하신 하나님이 네게 복을 주시어 네가 생육하고 번성하게 하여 네가 여러 족속을 이루게 하시고 아브라함에게 허락하신 복을 네게 주시되 너와 함께 네 자손에게도 주사 하나님이 아브라함에게 주신 땅 곧 네가 거류하는 땅을 네가 차지하게 하시기를 원하노라」(창 28:1-4).

사실 이삭은 야곱보다 에서를 더 편애했습니다. 이유는 에서가 아버지가 원하는 대로 행동했기 때문입니다. 이삭은 쌍둥이 두 아들이 태어날 때 「큰 자가 어린 자를 섬기리라」(창세기 25:23)는, 자녀를 향한 하나님의 뜻을 분별하지 못하는 영적으로 둔감한 상태에 있었습니다. 그 때문에 아들인 야곱에게 속임을 당하는 수모를 겪었지만, 자녀를 향한 하나님의 뜻을 인정하여 아들인 야곱과 관계를 회복했으며 장자로서 인정하고 축복했습니다. 야곱의 부모인 이삭과 리브가는 아들을 자신들 곁에 붙잡아두지 않고 「너는 가나안 사람의 딸들 중에서 아내를 맞이하지 말고 일어나 밧단아람으로 가서 네 외조부 브두엘의 집에 이르러 거기서 네 외삼촌 라반의 딸 중에서 아내를 맞이하라」(창세기 28: 1-2)며 사랑하는 아들을 떠나보내는 믿음의 결단을 내립니다.

어머니의 사랑을 받고, 아버지와의 관계가 회복되고, 아버지의 인정과 축복을 받은 야곱은 자존감이 고양되었으며 당당하게 불확실한 미지의 세계로 떠날 수 있었을 것입니다. 부모의 축복 속에 태어난 야곱은 하나님의 은혜로 마침내 '속이는 자'에서 믿음의 사람 '이스라엘'로 변화된 것입니다.

청년기 자녀에 대한 사랑은
존중하고 믿어주는 것입니다

자녀가 부모의 사랑과 인정을 충분히 받고 자라면 정신적 정서적인 면에서 자연스럽게 부모로부터 독립하게 됩니다. 그러나 부모와의 애착 관계가 충분치 못하면 자녀는 부모를 떠날 힘이 없습니다. 부모와 관계가 소원한 자녀는 부모의 축복 속에서 부모를 떠나는 자연스런 분리 과정을 겪는 것이 아니라 부모로부터의 탈출이라는 급격한 정서적 단절 방식을 취하게 됩니다. 부모 역시 자녀를 떠나보내는 불안이 높을 때 쉽게 떠나보내지 못하고 붙잡아놓고 간섭하게 됩니다.

"우리 부모에게도 고칠 점이 많더군요!" 진석 씨는 20대 후반의 아들을 둔 아버지입니다. 그는 대학교 4학년 때부터 가정의 경제적 책임을 진 가장으로서 40여 년을 성실하게 살아왔는데 아들은 취직할 생각을 안합니다. 진석 씨는 이런 아들을 이해할 수 없었고, 아들을 보면 답답해서 잔소리하고 다그쳤습니다. 이로 인해 아들은 마음을 닫고 아버지를 피하게 되고 말았습니다. 진석 씨는 청년기부모학교를 통해 아들의 힘든 마음을 이해하게 되었고, 자신이 아들과 소통하는 방식이 잘못되었음을 알았습니다. 그동안 진석 씨는 목표 지향의 삶, 성과중심의 삶을 살아왔고 아들과의 대화에서도 결론 중심의 소통을 주로 했는데, 이런 방식이 아들에게 반감을 주는 것임을 알게 되었습니다. 아들과의 대화에서 결론보다는 과정 중심의 소통이 중요함을 깨닫고 이제부터는 자녀에게 구속감 대신 성취감을 느끼게 하는 대화를 하기로 했습니다.

진석 씨는 방향 제시의 대화가 자녀를 구속하고 억제하고 통제당하는 느낌과 함께 실패감·자괴감·패배감을 갖게 한다는 것을 알았습니다. 그는 자녀가 자존감·성취감·성공감을 느낄 수 있도록, 부모가 내린 결론을 강요하는 것이 아니라 자녀 스스로 결론을 내릴 때까지 기다려주기로 했습니다. 자녀에 대한 '간섭과 해결책 제시'에서 '존중해주고 기다려주는 것'으로 자녀 대하는 방식을 바꿨습니다. 그 결과 자녀 스스로 자신의 진로를 찾았고, 그 목표를 위해 더 매진하는 모습으로 변해가는 것을 목도할 수 있었습니다. 진석 씨는 이런 말을 했습니다. "이제는 아들이 더 이상 내가 가르쳐야 할 대상이 아니라 때로는 나의 의논 상대라는 것을 알게 되었습니다. 그동안 내가 최선을 다해왔다고 생각했기 때문인지 한 번도 아들에게 '미안하다', '잘못했다'고 말해본 적이 없습니다. 자녀를 사랑하는 마음에서 한 행동이었지만 방법이 잘못되어 아이에게 상처준 것들이 많았음을 알게 되었습니다. 내가 사랑하는 방법이 서툴러서 '미안하다', '잘못했다'는 말을 아들에게 해주고 싶습니다."

청년기 자녀를 둔 부모는 자녀를 부모의 품 안에 계속 머물러 있게 하거나 간섭이나 통제 아래 두는 것이 아니라, 자녀가 부모의 품을 떠나 세상 속으로 나아가 자신의 삶을 개척해 살아나갈 수 있도록 떠나보내야 합니다. 자녀를 떠나보내기 위해서는 자녀가 세상 속에서 만나는 역경이나 풍파 앞에 넘어지거나 쓰러지지 않고 이겨낼 수 있도록 준비시켜 떠나보내야 합니다. 그 역경을 이겨낼 최상의 준비는 자녀에 대한 부모의 무조건적 사랑과 존중과 믿음입니다. 부모에게 사랑받고 존중받고 신뢰받고 자란 자녀는 역경을 이겨낼 힘이 있습니다.

"아들(딸)아! 네 삶에서 어떤 일이 일어나건, 성공을 하든 하지 않든, 중요한 인물이 되든 그렇지 않든, 아빠(엄마)가 너를 얼마나 사랑하는지 항상 기억하렴." 이 기도문은 유대인 가정에서 자녀의 성년식 때 자녀에게 해주는 축복기도입니다. 자녀가 성공을 하든 하지 않든, 중요한 인물이 되든 그렇지 않든 사랑해주는 부모, 이것이 바로 자녀를 향한 조건 없는 사랑이고 존재론적 사랑입니다.

실패의 순간에 자신을 절대적으로 믿고 사랑해주는 부모를 기억하는 자녀는 마치 고무공처럼 그 실패를 딛고 일어납니다. 도리어 실패를 성공을 위한 도움닫기 발판으로 사용하는 대처능력을 갖습니다.

사랑은 주는 사람인 부모가 결정하는 것이 아니라 받는 사람인 자녀가 느껴야 하는 것입니다. 자녀가 부모의 사랑을 간섭이나 강요가 아닌 진정한 사랑으로 느낄 수 있도록 부모는 사랑을 표현하는 방식이나 사랑하는 방법을 바꿔야 합니다. 특히 청년기에는 더더욱 자녀를 존중해주고 믿어주는 사랑으로 그 방법을 바꿔야 할 때입니다.

부모는 자녀를 품 안에 계속 머물러 있게 하거나
간섭이나 통제 아래 두는 것이 아니라,
세상 속으로 나아가 자신의 삶을 개척해
살아나갈 수 있도록 떠나보내야 합니다.

PART

3

중년의 삶

STEP
08

중년기
행복한 부부로 살기

부부 사이에도 정기검진이 필요하다

> "
>
> 여호와 하나님이 이르시되 사람이
> 혼자 사는 것이 좋지 아니하니 내가 그를 위하여
> 돕는 배필을 지으리라 하시니라.
>
> 창세기 2:18
>
> "

중년기는 결혼 만족도가 떨어지는 시기입니다. 행복한 부부로
살아가기 위해서는 부부 관계를 재점검해 보고, 보수가 필요한
부분을 고치고 개선하여 부부 결속을 강화하고 친밀감을 회복
시켜 나가야 할 때입니다.

"예수님을 성실히 섬기기를 원한다면 독신으로 사는 게 좋고, 진정 예수님을 닮기 원한다면 결혼을 하라." (게리 토마스 Gary Thomas, 1961-)

나이가 들면 몸이 예전 같지 않습니다. 여기저기 아픈 곳도 생기고 치료가 필요한 곳이 생기게 마련입니다. 건강하게 살기를 바라는 분들은 몸에 아픈 신호가 오기 전에 정기적인 검진을 통해 미리 예방을 합니다. 집도 오래 살다 보면 벽지도 바래고 가구도 여기저기 닳고 긁히고 부서져서 보수가 필요합니다. 부부 관계도 이와 마찬가지입니다. 사랑해서 결혼했지만 살다 보면 서로에 대한 열정도 식고 서운함만 쌓여갑니다. 남편은 자신이 직장에서 얼마나 치열한 하루하루를 살고 있는지 그 노력에 대해 인정하지 않고 쉴 틈 없이 잔소리를 해대는 아내를 외면하고 싶어져서, 이런저런 핑계를 대면서 되도록 집에 늦게 들어오거나 주말에도 일을 만들어 집을 비웁니다. 이런 남편을 보며 아내는 속상하고 화가 납니다. 아내 역시 자신이 집에서 하루 종일 아이들 뒷바라지와 집안일로 얼마나 바쁘고 힘든지, 아내의 기분 따위는 물어보지도 알려고도 하지 않고 아내로서의 역할만 기대하는 남편이 서운하고 미워질 때가 많습니다.

성경에는 다윗과 미갈 부부의 이야기가 나옵니다. 사랑으로 시작된 두 사람의 관계가 살면서 당하게 되는 여러 가지 어려움으로 금이 가고, 끝내 회복되지 못한 채 파탄난 관계로 끝나는 슬픈 이야기입니다. 다윗은 하나님의 법궤를 다윗 성으로 옮겨올 때 온 이스라엘 백성과 함께 환호하며 기뻐했습니다. 너무 기쁜 나머지 왕으로서의 위엄도 벗어던지고 힘을 다하여 춤을 추었습니다. 미갈은 다윗이 기쁨에 못 이겨 춤추는 모습을 창을 통해 내려다보다가, 그 기쁨에 한마음으로 동참하기보다는 왕으로서의 체통을 지키지 못했다고 그를 '업신여기며' 비난합니다. 다윗은 자신에 대한 미갈의 비난과 냉소적인 태도에 상처를 입고 화를 냅니다. 아내 미갈에 대한 다윗의 분노는 「미갈이 죽는 날까지」 찾지 않고 외면할 만큼 매우 깊고 강렬했습니다(사무엘하 6:16-23).

처음 두 사람의 관계는 다윗에 대한 미갈의 사랑으로 시작되었지만, 다윗 역시 미갈과 결혼하기 위해 목숨을 거는 모험도 마다하지 않았습니다. 미갈은 다윗이 아버지 사울 왕의 미움을 받아 쫓기는 신세가 되었을 때 위험을 무릅쓰고 다윗을 탈출시킬 정도로 남편을 깊이 사랑했습니다 (사무엘상 18:20-19:12).

이렇게 위험을 무릅쓸 정도로 사랑했던 두 사람의 관계가 변한 것입니다. 둘 사이에는 깊은 골이 생겼습니다. 남편을 그토록 깊이 사랑했던 아내 미갈은 다윗의 기쁨에 공감하지 못하고 오히려 비웃습니다. 이런 태도로 미루어 짐작건대 아내 미갈의 마음에는 남편 다윗에 대한 상처, 외로움과 소외감, 원망의 마음이 컸던 것 같습니다. 아내의 비난과 냉소적인 태도에 대해 다윗은 남편으로서 아내의 힘거움과 상처를 이해하고 보듬어주기보다 마음이 크게 상해서 노여움을 끝내 풀지 않는 모습을 볼 수 있습니다.

부부가 결혼해서 살다 보면 일하랴, 아이 키우랴, 연로하신 부모님 보살펴드리랴 여러 가지 일로 지치고 소진될 때가 찾아옵니다. 서로에 대한 열정이나 사랑의 감정은 바닥이 나고 메마르고, 작은 상처에도 쉽게 마음이 갈라지고, 상처의 골이 깊어지게 됩니다. 이런 상태를 우리는 흔히 '중년기 부부 위기'라고 부릅니다. 우리나라 기혼 부부를 대상으로 결혼 만족도 조사를 한 결과에 따르면 중년기 부부들의 결혼 만족도가 가장 낮은 것으로 나타났습니다. 이때야말로 부부 관계가 강화되고 재투자되어야 할 시점이라고 할 수 있습니다.

중년기 부부,
사랑보다 우정입니다!

　미국의 부부 상담 전문가인 존 가트맨 박사는 수많은 부부들을 대상으로 그들이 서로를 어떻게 대하는지 관찰했습니다. 행복하게 사는 부부들은 서로에 대해 긍정적으로 대하는 모습을 볼 수 있었습니다. 상대방이 말할 때 "응", "그래" 하고 대꾸를 잘 해주며 고개를 끄덕이고 바라보거나 미소 짓는 등 상대에게 긍정적으로 반응해주었습니다. 반면 사이가 좋지 않은 부부들은 상대방이 말할 때 '그래, 너 떠들어라' 하는 식으로 말을 잘 듣지 않거나 상대방의 부정적인 측면에만 반응하는 것을 볼 수 있었습니다.

　이런 관찰을 토대로 가트맨 박사는 행복하게 사는 부부들은 애정이나 열정이 아닌 '우정'이 돈독한 부부라는 결론을 내렸습니다. 부부 관계가 건강하게 유지되려면 우정과 우호감, 즉 '프렌드십friendship'을 증진해야 한다는 것입니다. 부부 간에 우정을 돈독히 하기 위해서는 서로를 존중해주는 태도가 필요합니다. 나와 다른 상대의 생각이나 감정에 대한 존중이 필요합니다. 서로의 노력에 대한 인정과 감사가 필요합니다.

"아내는 자신이 원하는 것을 해줄 때만, 이를테면 설거지나 청소, 분리수거를 해줄 때만 남편인 나를 인정해주고 그렇지 않을 때는 나를 비난합니다", "남편은 내가 자신의 생각대로 따라주었을 때만 좋아하고 자신과 다른 의견을 말하면 화를 냅니다." 흔히 들을 수 있는 남편과 아내의 불만입니다. 이처럼 우리는 남편과 아내가 내가 원하는 행동을 했을 때만 인정해주는 조건적인 존중을 합니다. 내가 바라는 행동을 했을 때만 인정해주고 사랑해주는 자기중심적인 사랑을 합니다. 우리는 여전히 '돕는 배필'이 아닌 '바라는 배필'일 때가 많습니다.

　"'우리 가족을 위해 지금까지 성실하게 일해온 당신이 자랑스럽고 당신을 존경합니다.' 이 말을 처음 듣고서 저는 펑펑 울었어요. 제가 결혼하고 아내에게 정말 듣고 싶었던 말이거든요. 지금까지 아내에게 뭘 해줘서 고맙다는 말은 많이 들었지만 저 자신에 대한 인정과 존중에 대한 말은 듣지 못했었어요." 배우자에 대한 우호감과 존중은 배우자의 존재 자체에 대한 존중을 포함합니다. 이런 존중이야말로 배우자의 상처와 열등감을 치유해주고 자존감을 세워줍니다. 모든 치유적 스토리에는 존중의 이야기가 포함되어 있습니다.

부부 싸움은 서로 다른 점 때문에 하게 됩니다. 같은 상황에서 다르게 생각하고 다르게 행동하려고 하기 때문에 다투게 됩니다. 우리는 늘 상대방을 나와 같게 만들려고 시도합니다. 나와 같은 생각, 같은 행동을 할 수 있게 변하면 싸우지 않게 될 거라고 기대하기 때문입니다. 그런데 상대방의 생각이나 행동이 바뀌게 되는 변화보다 더 큰 변화는 상대방을 있는 모습 그대로 받아들이게 되는 수용입니다.

세영 씨는 남편과 성격이 많이 다릅니다. 세영 씨는 먼저 세상을 이해한 다음에 행동하려는 경향이 있습니다. 그래서 사려 깊고 신중하다는 말을 듣습니다. 반면에 남편은 일단 행동이 앞서고 행동을 통해 세상을 이해하려 합니다. 그런 남편에 대해 세영 씨는 속으로 '굳이 안 해도 될 일을 만들어서 피곤하게 한다' 이렇게 비난합니다.

두 사람은 추석에 함께 성묘를 갔습니다. 성묘 가는 길에는 강도 있고 밤이 주렁주렁 달린 밤나무도 있었습니다. 그걸 보던 남편이 뜬금없이 "저 강을 헤엄쳐서 건너가고 싶어", "탐스럽게 달려 있는 밤을 한번 따볼까" 이런 말을 합니다. 다른 때 같았으면 세영 씨는 '이 양반이 또 쓸데없는 얘기를 하는군' 이런 생각을 했을 텐데, 이날따라 다른 한편에서는 '아하! 남편은 참 나랑 다른 사람이구나. 나는 그저 강을 바라보고 밤나무를 바라보는 것만으로도 좋은데, 이 사람은 강을 보면 건너고 싶고 밤을 보면 따고 싶은 마음이 드는 사람이구나. 이러니 매사에 도전적이구나' 이런 마음이 들었습니다. 그래서 남편에게 "당신은 강을 보면 건너고 싶고 밤나무를 보면 따고 싶은 마음이 드나 봐요"라고 얘기했더니, 남편은 잠자코 아내의 말을 들으며 자신의 반응에 대해 깊이 생각하는 눈치였습니다.

이 경험을 통해 세영 씨는 남편을 새로운 관점에서 보게 되었습니다. 너무나 잘 알고 있다고 생각했던 남편이 전혀 다른 새로운 모습으로 느껴졌습니다. 그동안 살아오면서 안전 지향적인 세영 씨의 입장에서는 때로 경솔하다고도 생각했던 그 모습이 바로 자신에게는 없는 남편의 장점, '도전적인 면'이라는 것이 새롭게 느껴졌습니다.

우리는 때로는 상대방을 있는 그대로 보지 못하고 '나의 관점'이라는 좁은 틀 안에서 보고 판단하고 비난합니다. '내가 당신보다 더 당신이 어떤 사람인지 잘 안다'고, 그러니 '당신이 하는 행동은 뻔한 행동'이라고 상대방의 노력에 대해 평가절하 하기도 합니다.

배우자에 대해 '더 이상 새로울 게 없다'고 느끼는 상태가 바로 '권태기'라고 할 수 있습니다. 나와 배우자에 대해 더 이상 새로울 게 없다고 느끼는 순간 부부에게는 성장도, 두 사람이 연합하여 한 몸이 되는 놀라운 비밀도 존재할 수 없습니다. 정체된 느낌, 권태기가 싫어서 어떤 부부는 상대방이 변하도록 밀어붙이거나, 변하지 않는다고 비난하거나, 외부에서 새로운 자극을 추구하려는 위험한 시도를 하게 됩니다.

그러나 우리가 마음의 눈으로 배우자를 보게 되면 그동안 보지 못했던 새로운 면을 발견하게 되고, 배우자 역시 그동안 스스로도 알지 못했던 새로운 면이 자신에게 있었다는 점을 깨닫게 됩니다. 남편과 아내의 새로운 관점을 통해 서로가 새로운 모습으로 새로운 존재로 성장해가고 성숙해가는 것, 이것이 바로 '부부가 연합하여 한 몸이 됨'으로써 경험하게 되는 놀라운 비밀이 아닐까요?

'전우애'라는 말이 있습니다. 치열한 전투를 함께 겪으며 동고 동락하는 데서 맺어지는 *끈끈한* 관계를 일컫는 말이지요. 전우 애는 외부에서 웬만한 충격이 와도 쉽게 깨지지 않을 만큼 견고 합니다. 부부 사이도 마찬가지입니다. 살면서 싸우고 화해하고 용서하며, 어려움을 함께 겪어내고 견디고 이겨내면서 두 사람 사이에는 마치 전우애와도 같은 '끈끈한' 믿음이 생깁니다.

그러나 이런 전우애가 모든 부부에게 존재하는 것은 아닙니 다. 부부 싸움을 통해 전우애가 생기기는커녕 메꿀 수 없는 갈등 의 골을 키워 결국에는 파경에 이르게 되는 부부도 많습니다. 부 부로 살다 보면 서로 얼굴을 찌푸리거나 화낼 일도 있고 오해도 하고 싸우기도 합니다. 그러나 행복한 부부들은 갈등 상황에서 갈등을 대하는 태도가 훨씬 부드럽고 점잖다는 것입니다. 이혼 으로 치닫는 부부들을 보면 평소에 우호감을 충분히 쌓지 못한 데다 '싸우는 방식'에 문제가 있습니다.

가트맨 박사의 연구에 따르면, 부부 싸움을 할 때 이혼으로 가 는 지름길은 '비난·방어·경멸(무시)·담쌓기'라는 4가지 방법을 사용하는 경우입니다. 가트맨 박사는 이를 '4가지 흑기사'라고 부르기도 합니다. 예를 들어 평소에 욱하고 화를 잘 내는 것 때문에 자주 싸우는 부부가 이 문제를 해결하기 위해 대화를 시작합니다. 한쪽 배우자가 "당신은 화를 내는 게 문제야(비난)" 이렇게 시작하면 다른 한쪽은 "내가 화를 내는 것은 당신이 먼저 화를 냈기 때문이야(방어)"라고 되받아칩니다. 그러면 다른 한쪽에서는 "당신은 도무지 말이 안 통해(경멸/무시)" 하고 더 세게 반응합니다. 이렇게 감정적으로 격하게 된 나머지 두 사람은 문을 '쾅' 닫고 들어가는 담쌓기로 이어집니다. 이런 4가지 방식으로 부부 싸움을 하게 되면 두 사람의 관계는 결국 파국으로 치닫게 됩니다.

같은 갈등 상황이라 하더라도 전우애를 쌓은 부부들은 훨씬 부드러운 방식으로 싸웁니다. 이들은 먼저 갈등 상황을 부드럽게 다룹니다. "내가 이 말을 하는 이유는 우리 관계가 좋아지기를 바라는 마음에서니까 오해하지 말고 들어주었으면 해." 이처럼 다가가는 대화를 합니다. "당신이 아이들의 행동을 고쳐주려는 의도는 참 좋은데, 당신이 화를 내면 내가 불안해져." 이런 식으로 상대방을 비난하지 않고 상대방의 의도는 인정하면서 문제가 되는 상대방의 '행동'에 대한 나의 감정을 '나-전달법'으로 말합니다. 이렇게 부드럽게 다가가는 대화를 하면 상대방은 방어적으로 반응하지 않고, "그래 나에게 그런 면이 있지" 하고 자신의 문제를 '약간' 인정합니다. 이렇게 문제를 약간 인정하기만 해도 대화는 훨씬 부드럽게 진행될 수 있습니다. "그래 다~ 내 탓이야!" 이런 식으로 수동공격적인 반응을 하지 않습니다. 그래서 "내 얘기를 받아주고 인정해줘서 고마워" 하고 다른 한쪽은 상대방을 벼랑 끝으로 몰아붙이지 않고 인정하면서 대화를 이어갑니다. 대화하다가 감정이 격해지면 "지금은 감정적으로 격해져 있으니까 물 한잔 마시고 얘기해" 하는 식으로 'Stop!'을 부르기도 합니다. 감정이 격해져서 이성적인 대화가 힘들다고 판단되면 한 발 물러나서 서로를 진정시키고, 진정된 상태에서 다시 문제 해결에 초점을 맞춘 대화를 이어갑니다. 이처럼 우정이 있는 부부들은 부부 싸움을 할 때도 상대방에 대한 인신공격이나 모욕감을 주는 말을 하지 않고 상대방에 대한 인간적인 존중과 우애의 태도를 유지합니다. 이렇게 부부 싸움의 룰을 지키려고 노력할 때 부부들은 갈등의 순간을 오히려 부부 관계를 '강화할 수 있는 계기', 즉 전우애를 다지는 절호의 기회로 삼을 수 있습니다.

부부 관계를 증진시키는 이런 방법들을 알고 생활 속에서 실천하게 될 때 부부는 갈등을 더욱 효과적으로 풀어나갈 수 있게 됩니다. 부부 관계는 더욱 돈독해지고, 이런 돈독한 관계를 통해 부부는 더욱 인격적인 성장과 인간적인 성숙을 이뤄나갈 수 있게 됩니다.

남편과 아내의 새로운 관점을 통해
서로가 새로운 모습으로,
새로운 존재로 성장해가고 성숙해가는 것,
이것이 바로 '부부가 연합하여 한 몸이 됨'으로써
경험하게 되는 놀라운 비밀입니다.

STEP 09

어머니의
자존감 회복

어머니라는 이름으로 받은 상처 치유하기

66

고운 것도 거짓되고 아름다운 것도 헛되나
오직 여호와를 경외하는 여자는 칭찬을 받을 것이라.
그 손의 열매가 그에게로 돌아갈 것이요,
그 행한 일로 말미암아 성문에서 칭찬을 받으리라.
잠언 31:30-31

99

여성들은 어머니로서 아내로서 살아오는 동안 자신의 가치감
을 상실해갑니다. 특히 중년기 여성들은 존재감의 위기를 겪게
되기도 합니다. 그러므로 여성으로서의 정체성 확립과 아내와
어머니의 역할과 사명을 재조명함으로써 자존감 회복이 필요
합니다.

"나는 하찮은 존재구나."

"지금까지 남편과 아이들 뒷바라지로 바쁘게 살아왔는데 내
존재는 뭔가?"

"내가 바보처럼 헛살아온 건 아닌가?"

자녀들이 어렸을 때는 아이들 키우느라 눈코 뜰 새 없이 바빴
는데 아이들도 훌쩍 커버려 더 이상 엄마의 손길을 필요로 하지
않고, 남편은 남편대로 직장일로 성취감을 느낄 즈음, 어느 날
문득 이런 생각이 들면서 아내는 마음이 울적해지고 사는 게 별
재미없고 시들하게 느껴집니다. 이것을 '중년의 위기', 또는 '중
년기 우울'이라고 합니다.

중년의 위기는 말 그대로 위기감으로 다가오지만, 한편으로
는 그동안 분주하게 살아왔던 주변적인 삶에서 내 자신의 삶의
중심부로 들어가게 하는, '자기성찰'을 위한 절호의 기회로 우리
를 이끌기도 합니다. "내 존재는 무엇인가?", "내 삶의 의미는 무
엇인가?", "나는 행복한가?" 이런 삶의 본질적인 질문에 대한 답

을 스스로 찾아야 하는 시점이기도 합니다. 심리학자 융은 이런 의미에서 중년기 우울, 즉 중년의 위기를 '피상적 자아'에서 '참 자기'를 찾을 수 있는 기회라고 말합니다.

특히 여성들에게 중년의 위기는 더욱 절실하게 다가옵니다. 요즘 시대는 '당신의 가치를 증명해 보여라' 이런 메시지를 우리에게 끊임없이 던져주고 있습니다. 외모, 수입, 지위, 권력 등으로 그 사람의 가치를 평가하는 시대를 우리는 살고 있습니다. 젊었을 때는 빨간 미니스커트를 입고 날씬한 몸매를 자랑하던 여성도 나이 들면 젊은 여성들과의 외모 경쟁에서 이길 수 없음을 피부로 느낍니다. 명문대를 졸업해도 결혼과 함께 직장생활을 그만둔 여성들은 평범한 아줌마에 불과할 뿐입니다. 하고 싶은 것도 마음껏 못하고 남편이 벌어다주는 돈을 눈치 보며 써야 합니다. 학교 다닐 때는 나보다 별 볼일 없던 친구가 잘나가는 남편 덕분에 사모님으로 대접받고 삽니다. 가치를 증명해 보이라는 세상에 대해 '나의 가치는 이거다'라고 확실하게 어필할 수 있는 외모도, 돈도, 지위도, 권력도 없는 평범한 우리의 중년 여성들은 어머니로서 여성으로서 살아온 자신의 인생이 초라해 보이고 행복하지 않게 느껴집니다.

여성을 힘들게 하는 것은 바로 이런 '스스로에 대한 무가치감,

무의미감'입니다. 어머니와 아내로 또 학부모로 교회와 지역 사회에서 많은 일을 감당해왔지만, 우리 사회에 만연한 외적인 성취나 업적으로 사람을 평가하는 결과주의와 성공주의적 가치관은 여성들이 스스로 자부심을 갖지 못하게 하는 원인이 됩니다. 그 영향으로 여성 스스로도 자신이 하는 역할에 대해 평가절하하는 경향이 많습니다.

어머니,
세상에서 가장 소중한 이름!

「하나님이 자기 형상 곧 하나님의 형상대로 사람을 창조하시되 남자와 여자를 창조하시고」 (창세기 1:27)

성경에서는 하나님이 자기 형상을 따라 남자와 여자를 창조하셨다고 말합니다. 남성과 여성에게는 각기 다른 하나님의 DNA가 있다고 할 수 있는데, 여성에게는 남성에게 없는 하나님의 속성이 있습니다. 심리학에서는 '공격적, 주도적, 경쟁적, 주장적'과 같은 성취지향적 특성을 '남성성'으로 규정하고 있습니다. 반면에 '온정적, 수용적, 공감적' 등 관계 지향적인 특성을 '여성성'으로 봅니다.

성경에 나오는 여성들을 보면, 열국의 어머니로 일컬어지는 사라는 남편을 지켜내기 위해 남편이 자신을 '아내가 아닌 여동생'으로 속이는 수치를 견뎌냈고, 모세의 어머니 요게벳은 죽음의 위험을 무릅쓰고 아들을 살려냈습니다. 사무엘의 어머니 한나는 자식이 없어 오랫동안 고통 가운데 있으면서도 기도의 끈을 놓지 않음으로써 마침내 기도 응답을 받았고, 에스더 또한 「죽으면 죽으리라」는 각오로 민족을 구해냈습니다. 예수님의 어머니 마리아는 하나님의 뜻에 절대 순종했고, 막달라 마리아는 다른 제자들이 두려워 다 도망간 순간에도 끝까지 예수님의 죽음의 자리를 지켜 부활을 가장 먼저 목격할 수 있었습니다. 이처럼 성경의 여성들은 매우 헌신적이며 깊은 인격적 관계를 맺을 수 있는 능력을 가진 모습으로 나타납니다.

성 어거스틴의 어머니 모니카, 맹자의 어머니, 율곡 이이의 어머니 신사임당 등 역사적으로 위대한 인물들 뒤에도 늘 헌신적이고 양육적인 어머니가 있었음을 알 수 있습니다. 인간의 성장 발달에서 가장 중요한 한 사람을 꼽는다면 '어머니'라고 할 정도로 심리학에서는 자녀의 성격 형성에 어머니가 미치는 영향이 절대적이라 말합니다. 이 책의 앞 장에도 나와 있는 것처럼, 실제로 한 사람의 성장 발달에서 어린 시절 어머니와의 관계가 그 사람의 성격을 결정짓고 평생을 좌우한다는 것을 알 수 있습니다. 그러니 이 세상에서 가장 소중한 이름 하나를 꼽는다면 그것은 바로 '어머니'일 것입니다.

어머니는 자녀에게 매우 중요한 심리적 환경입니다. 추운 날씨와 더불어 사는 알래스카 사람들이 추위에 면역이 생기듯이 냉정한 어머니 밑에서 자란 아이들은 어머니의 냉정한 성격에 면역이 생겨 냉정함이 무엇인지 모르고 자랍니다. 마찬가지로 열대 지방에 사는 사람이 더위에 면역이 생기듯, 화를 잘 내고 소리를 잘 지르는 뜨거운 어머니를 둔 아이는 화를 내는 것을 당연하게 생각합니다. 이런 부모 밑에서 자란 아이들은 뜨겁고 추운 어머니의 기분에 따라 녹아내리고 오그라드는 갈등과 고통 속에서 인생의 성장기를 보냅니다. 좋은 어머니는 부드럽고 따뜻하면서도, 자녀들에게 집착하지 않고 자녀들을 존중해주는 쿨한 어머니입니다.

사랑받은 사람만이
사랑을 줄 수 있습니다

「이는 내 사랑하는 아들이요 내 기뻐하는 자라」 (마태복음 3:
17)

자녀를 제대로 사랑할 줄 아는 어머니의 힘은 제대로 사랑받
은 경험에서 우러나옵니다. 모든 어머니가 자녀를 사랑한다고
하지만 많은 자녀들이 사랑에 목말라하는 경우를 보면, 어머니
의 사랑이 건강한 사랑이 아니라 자녀에 대한 맹목적 집착이나
자녀를 어머니의 뜻에 맞추도록 하는 통제적인 형태로 나타나
는 경우가 많습니다. 이것은 어머니가 자신의 부모로부터 건강
한 사랑을 받은 경험이 없기 때문입니다. 자녀에게 명령하고 간
섭하고 비난하는 어머니는 마음속에 살고 있는 어머니(외할머
니)가 명령하고 간섭하고 비난하는 것입니다. "아이들 때문에
힘들어요"라고 말하는 어머니의 아이들 역시 "어머니 때문에 힘
들어요"라고 대답합니다. 불행하다고 느끼는 어머니는 그 마음
속에 있는 어린 시절의 아이가 불행하기 때문입니다.
　나는 어머니로서, 한 인간으로서 행복하다면 그렇게 느끼는

이유는 무엇인가요? 나는 어머니로서 한 인간으로서 행복하지 않다고 느낀다면 또 그 이유는 무엇인가요? 어머니로서 한 인간으로 성공하지 못했다고 생각하기 때문인가요? 인기가 없어서인가요? 영향력이 없어서인가요? 혹은 성공한 남편이 아니라서인가요? 자녀가 좋은 대학, 좋은 직장에 못 다녀서인가요?

'내가 하는 일이 곧 나', '남들이 나에 대해 하는 말이 곧 나다', '내가 가진 영향력이 곧 나다' 이런 생각들은 자존감을 갖거나 행복감을 느끼기 어렵게 만듭니다. 어머니의 자존감은 자녀에게 대물림됩니다. 우리나라의 어머니들은 결혼 생활과 더불어 자신을 포기하고 가족들을 위해 희생하고 헌신하는 삶을 살다가 어느 날 문득 '자신이 하찮은 존재'라는 생각을 하게 되면, 자녀와 남편을 통해 자신의 삶을 보상받고 싶어 합니다. 어떤 어머니들은 자녀의 성공을 통해 '자신이 가치 있는 존재'임을 확인받고자 자녀들에게 과도한 기대를 하고 집착하는데, 이런 경우에는 오히려 자녀의 자존감을 해치고 관계도 나빠집니다.

사람들은 흔히 타인의 인정과 자신의 성공을 통해 자신이 가치 있는 존재임을 확인하고 싶어 합니다. 남보다 우월하고 탁월하고자 애를 씁니다. 부모들은 자녀들이 '대단하고 탁월하고 뛰어난 사람'이 되기를 기대하고 강요합니다. 성공과 성취의 잣대로 평가하는 세상에서는 진정한 자존감이 들어설 자리가 없습니다.

그러나 그리스도인의 자존감의 근거는 세상의 잣대나 기준과는 다릅니다. 하나님께서는 우리를 「하나님의 형상을 따라」 창조하셨습니다 (창세기 1:26-27). 그리스도인인 우리는 「하나님이 사랑하시고 기뻐하는 자녀」입니다 (누가복음 3:22). 이것이야말로 진정한 자존감의 근원이자 뿌리입니다.

예수님은 광야에서 세 가지 유혹을 받으셨습니다. 「돌로 떡을 만들어라(너의 능력을 증명해 보여라), 높은 데서 뛰어내려 천사들로 받들게 해라(인기를 얻어라), 온 땅을 소유할 권력을 쥐어라」(마태복음 4:1-11). 이에 예수님은 셋 다 물리치셨습니다. 자신이 사랑받을 만한 자임을 누구에게도 입증하실 필요가 없었기 때문입니다. 그분은 이미 사랑받는 자이셨습니다.

영성신학자 헨리 나우웬 Henri Nouwen, 1932-1996은 예수님이 성공이나 인기, 권력을 통해 가치를 증명해 보이라는 유혹을 물리칠 수 있었던 힘은 바로 '나는 하나님의 사랑받는 자'라는 확고한 정체성, 즉 자존감을 지니셨기 때문이라고 말하고 있습니다.

그리스도인 여성의 정체성이자 자존감의 근원은 '하나님의 사랑받는 딸'이라는 데 있습니다. 자존감은 말 그대로 '나 자신이 소중하고 가치 있는 존재'라는 신념인데 이것은 무조건적 사랑, 존재론적 사랑을 받을 때만 가능합니다. 우리는 이미 사랑받는 자이고 소중한 존재이므로 우리의 가치를 더 이상 증명하려고 애쓰지 않아도 됩니다. 그럴 필요가 없습니다. 당신이 하는 일이 당신 자신이 아닙니다. 남들이 당신에 대해서 하는 말이 당신 그 자체가 되는 것이 아닙니다. 당신이 가진 것이 당신이 아니며, 당신에게 있는 영향력이 당신이 아닙니다.

그럼에도 우리는 때때로 '내가 아무것도 아니고 사랑받을 만한 것이 나에게는 아무것도 없다'는 생각이 들 때가 있습니다. 사랑받는다는 것을 느끼기 위해서는 잘 보여야 하고 돈도 써야 하고 유능해야 한다고 세상은 유혹합니다. '넌 특별한 존재가 아니야, 평범한 사람에 불과해', '너 참 한심하다. 왜 이러고 사니?' 이런 생각이 들어 우울해질 때 굴복하지 말고 반박할 수 있어야 합니다. '넌 괜찮은 사람이야', '실수 좀 하면 어때', '너는 다른 면에서 잘하고 있잖아' 이렇게 스스로를 변호해줄 수 있어야 합니다.

남과 비교하지 않는 연습도 필요합니다. 하나님의 사랑은 남과 경쟁하거나 남을 배제하는 것이 아니라 우리 각 사람을 각각의 독특함 안에서 사랑하는 것입니다. 경쟁 의식과 비교 의식 속에서 열등감을 느끼지 않으려면 우리에 대한 하나님의 참사랑 안에서 우리 자신의 자리를 찾는 것이 필요합니다. "나도 괜찮은 사람이고, 당신도 괜찮은 사람입니다." 이렇게 나도 인정하고 남도 인정하는 태도야말로 진정한 자존감을 획득한 사람들만이 가질 수 있는 것입니다.

또한 우리에게는 '당신은 사랑받는 사람입니다'라고 확인해줄 대상이 필요합니다. 따뜻하게 다독여줄 사람이 필요합니다. 인정이 필요합니다. "당신이 한 말이 아주 좋았고, 정말 도움이 되었어요", "당신을 생각하면서 당신을 위해 기도하고 있습니다" 이렇게 말해주는 사람이 우리 곁에 필요합니다. 나 역시 나 자신에게, 남편과 자녀와 가족에게, 주변 사람들에게 이런 관계가 되어주고 있는지 돌아볼 필요가 있습니다.

하나님은 잘할 때나 못할 때나 성공할 때나 실패할 때나 여전히 나를 사랑하시며, 오히려 '내가 연약할수록 더욱 귀하게 여기

신다'는 것을 마음으로 느끼고 믿는 것, 이것이 그리스도인 여성의 자존감의 뿌리입니다.

성경에서는 자존감이 있는 여성으로 살아가는 삶을 다음과 같이 묘사하고 있습니다. 「누가 현숙한 여인을 찾아 얻겠느냐. 그의 값은 진주보다 더 하니라. 그런 자의 남편의 마음은 그를 믿나니 산업이 핍절하지 아니하겠으며 그런 자는 살아 있는 동안에 그의 남편에게 선을 행하고 악을 행하지 아니 하느니라. 그는 양털과 삼을 구하여 부지런히 손으로 일하며 상인의 배와 같아서 먼 데서 양식을 가져오며 밤이 새기 전에 일어나서 자기 집안 사람들에게 음식을 나누어 주며 여종들에게 일을 정하여 맡기며 밭을 살펴보고 사며 자기의 손으로 번 것을 가지고 포도원을 일구며 힘 있게 허리를 묶으며 자기의 팔을 강하게 하며 자기의 장사가 잘 되는 줄을 깨닫고 밤에 등불을 끄지 아니하며 손으로 솜뭉치를 들고 손가락으로 가락을 잡으며 그는 곤고한 자에게 손을 펴며 궁핍한 자를 위하여 손을 내밀며 자기 집 사람들은 다 홍색 옷을 입었으므로 눈이 와도 그는 자기 집 사람들을 위하여 염려하지 아니하며 그는 자기를 위하여 아름다운 이불을 지으며 세마포와 자색 옷을 입으며 그의 남편은 그 땅의 장로들과 함께 성문에 앉으며 사람들의 인정을 받으며 그는 베로 옷을 지어 팔며 띠를 만들어 상인들에게 맡기며 능력과 존귀로 옷을 삼고 후일을 웃으며 입을 열어 지혜를 베풀며 그의 혀로 인애의 법을 말하며 자기의 집안일을 보살피고 게을리 얻은 양식을 먹지 아니하나니 그의 자식들은 일어나 감사하며 그의 남편은 칭찬하기를 덕행 있는 여자가 많으나 그대는 모든 여자보다 뛰어나다 하느니라. 고운 것도 거짓되고 아름다운 것도 헛되나 오직 여호와를 경외하는 여자는 칭찬을 받을 것이라. 그 손의 열매가 그에게로 돌아갈 것이요 그 행한 일로 말미암아 성문에서 칭찬을 받으리라」(잠언 31:10-31).

그리스도인 여성의 정체성이자 자존감의 근원은
'하나님의 사랑받는 딸'이라는 데 있습니다.
우리는 이미 사랑받는 자이고 소중한 존재이므로,
우리의 가치를 더 이상 증명하려고
애쓰지 않아도 됩니다.

STEP
10

아버지의
권위 회복

아버지가 바뀌어야 가정이 바뀐다

> **"**
>
> 네 아버지에게 물으라. 그가 네게 설명할 것이요.
> 네 어른들에게 물으라. 그들이 네게 말하리로다.
>
> 신명기 32:7
>
> **"**

중년기는 아버지들에게 직업적인 성공은 거두지만 관계 면에서는 위기를 경험하는 시기이기도 합니다. 하지만 아버지의 중년기 위기는 자기 자신과 가족과의 관계를 회복할 수 있는 절호의 기회가 되기도 합니다. 특히 자녀와의 관계를 돈독히 함으로써 다음 세대인 자녀를 성장시키는 건강한 권위자로서의 자리를 회복하고 그 역할을 잘 수행하는 것이 아버지가 이루어야 할 중요한 과업입니다.

중년기는 아버지들에게
성공과 위기의 때입니다

「나는 주께서 주의 종에게 베푸신 모든 은총과 모든 진실하
심을 조금도 감당할 수 없사오나 내가 내 지팡이만 가지고
이 요단을 건넜더니 지금은 두 떼나 이루었나이다. 내가 주
께 간구하오니 내 형의 손에서, 에서의 손에서 나를 건져내
시옵소서. 내가 그를 두려워함은 그가 와서 나와 내 처자들
을 칠까 겁이 나기 때문이니이다. 주께서 말씀하시기를 내
가 반드시 네게 은혜를 베풀어 네 씨로 바다의 셀 수 없는
모래와 같이 많게 하리라 하셨나이다」 (창세기 32:10-12)

지팡이만 가지고 요단을 건넜던 야곱. 소위 맨주먹으로 시작
했던 야곱은 이제 밧단아람에서 외삼촌 라반이 경계할 정도로
많은 재산을 축적하게 됩니다. 「주의 종에게 베푸신 모든 은총
을 감당할 수 없을 정도」라고 고백할 만큼 야곱은 경제적 직업
적 성공을 거둡니다. 그리고 아내들과 자녀들을 얻게 됩니다.
그러나 성공에 비해 야곱의 가정 생활은 복잡했습니다. 그를 사
이에 두고 아내 레아와 라헬의 질투가 끊이지 않았습니다. 가족

간의 불화는 야곱을 힘들게 만들었을 것입니다. 경제적 성공을 이루는 과정도 순탄치 않았습니다. 20년 동안 성실하게 일했음에도 불구하고 라반은 계속해서 야곱을 속이고 노동력을 착취했습니다. 속이는 자였던 그가 속임을 당하는 경험도 하였습니다.

외삼촌의 견제에 위기를 느낀 야곱은 이제 외삼촌과 결별하고 청년시절 떠나왔던 고향으로 되돌아가는 귀향길에 오릅니다. 집으로 돌아가는 여정에서 야곱은 그가 속였던 형 에서의 보복을 두려워합니다. 중년기의 야곱은 직업적 성공은 거두었지만 관계 면에서는 가정 안팎으로 위기를 경험합니다. 집 안에서는 아내들과 그들 사이에서 난 자식들 간의 갈등에 시달리고, 집 밖에서는 그의 성공을 시기하고 견제하는 외삼촌과 어려서부터 경쟁 관계에 있었던 형 에서와의 재회라는 어려움에 직면하게 됩니다.

야곱과 마찬가지로 아버지들에게 중년기는 그동안 성실하게 노력해온 결과로 직업적인 성공을 거두고 경제적인 안정을 누리기도 하지만, 반면에 그동안 일에 몰두하느라 소홀히해왔던 가족과의 갈등이나 위기를 경험하는 때이기도 합니다. 아내와의 갈등, 어린아이에서 사춘기로 훌쩍 커버린 자녀와의 어려움에 직면하게 됩니다. "자식을 위해 죽기 살기로 일해왔는데, 그런 자식들에게 실망이 커요." 이런 말을 하는 아버지들을 주변에서 많이 보게 됩니다.

중년기 아버지들의 위기는 아내나 자녀와의 갈등이나 경쟁 관계에 놓인 주변 사람들과의 갈등과 마찰뿐만 아니라 내적인 위기로 찾아오기도 합니다. 그동안 열심히 일에 매진한 결과 일을 통한 사회적 지위와 위치를 확보하는 사회적 성공은 거두지만, 자신의 내면의 목소리와 멀어지고 소외되는 '자아소외'와 '자아단절' 상태에 이르게 됩니다. 사회적으로는 성공했지만 심리적으로는 실패하는, '반은 성공 반은 실패'를 경험합니다.

가족들을 위해 그토록 열심히 일해왔는데 가족들은 도리어 '자녀들이 아버지를 가장 필요로 할 때 함께 있어 주지 못했고, 일 때문에 가족들이 희생되었다'고 원망합니다. 또 이렇게 자신과 가족들을 희생하면서까지 회사에 충성했는데, 회사에서는 언제 나가야 할지 모르는 상황에 처하기도 합니다. 이럴 때 아버지들은 '내가 헛살아온 건 아닌가' 하는 자괴감에 시달리기도 하고, '내가 지금까지 무엇을 위해 이렇게 열심히 앞만 보고 달려왔는가?' 하는 회의감에 우울해집니다.

아버지들이 중년기에 맞게 되는 위기는 다른 한편으로는 그동안 성공을 위해 달리느라 잊고 지냈던 자신의 내면, 혹은 단절되었던 영혼의 목소리를 되찾고 깨어진 관계를 회복할 수 있는 절호의 기회이기도 합니다.

중년기의 야곱은 외적인 면에서 분명히 성공한 듯 보입니다. 그러나 외삼촌 라반으로부터 위협을 느끼고 그곳을 떠나 귀향길에 오른 야곱은 이번에는 형 에서의 보복에 대한 두려움에 사로잡힙니다. 그동안 그가 이루어냈던 모든 것이 자칫 물거품이 될 수도 있는, 더 나아가 자신과 가족들의 목숨까지도 위험에 처할지 모르는 절체절명의 위기를 맞습니다.

자신의 힘으로는 어찌할 수 없는 위기의 순간에 야곱은 누구의 도움도 기대할 수 없는 처절한 고독을 경험하게 됩니다. 「홀로 남아 날이 새도록 씨름했다」(창 32:24)고 성경에 기록되어 있는 것처럼, 그는 홀로 밤새 처절한 씨름을 벌입니다. 인생의 벼랑 끝에서 고독하게 사투를 벌인 끝에 야곱은 하나님을 「얼굴과 얼굴로 마주 대하는」 깊은 영적 체험을 하게 됩니다. 이 깊은 만남 이후에 야곱의 삶에는 많은 변화가 찾아옵니다.

야곱은 자신의 모든 것을 내려놓을 수밖에 없는 위기 상황에서 하나님께 간절히 매달린 결과 축복을 받았고, 내면적으로는 모든 것을 하나님께 맡기며 그의 인도하심에 순종하는 영적 깨달음을 얻습니다. 지금까지 그가 추구했던 외적인 삶에서 내적인 삶으로 방향이 바뀝니다. 그는 위기를 통해 새로운 축복의 삶으로 나아가게 됩니다.

이후에 그의 이름은 '야곱 '발꿈치를 잡다', '속이다', '약탈자'라는 뜻'에서 거룩한 축복을 의미하는 '이스라엘 '하나님과 싸워 이긴 자'라는 뜻'로 바뀝니다. 히브리인들에게 이름은 그 사람의 존재와 인격과 속성을 나타내는 것입니다. 그러니 야곱의 존재 자체가 바뀌었다고도 볼 수 있습니다. 그는 지금껏 눈에 보이는 성공과 성취를 위해서 수단과 방법을 가리지 않는, 즉 속이는 것도 서슴지 않는 삶을 살아온 사람이었는데 이제는 영적인 거룩함을 추구하는 사람으로 바뀌게 된 것입니다. '세속적인 삶', 즉 성취 지향적인 삶에서 영적 거룩함을 추구하는 본질적인 삶, 즉 '존재 중심의 삶'으로 방향 전환이 일어나게 됩니다.

오늘을 살아가는 우리나라의 중년기 아버지들 역시 야곱이 겪었던 것과 비슷한 인생의 위기를 겪습니다. 아버지들이 겪는 위기는 가정과 직장에서 동시에 일어납니다. '도대체 회사가 나에게 뭔가?' 이런 절박한 문제에 직면하면서 아버지들은 그동안 외면해왔던 내면의 소리에 귀 기울이게 됩니다. '도대체 사는 게 뭔가?', '어떻게 사는 것이 가치 있고 보람 있는 삶인가?' 하는 근본적인 물음과 씨름하게 됩니다. 지금까지는 자신이 마음먹고 노력하면 원하는 것을 '성취'할 수 있었던 삶이었습니다. 그러나 이제는 아무리 노력해도 마음대로 안 되는 상황에 직면합니다. 자녀들에게 가까이 가고자 할수록 관계는 어려워집니다. 회사에서도 일이 뜻대로 되지 않습니다. 이런 상황에서 아버지들은 좌절하고 낙담하기도 하지만, 어떤 아버지들은 자신의 한계를 겸허히 깨닫고 신앙적으로 깊어지며 성공과 성취만을 좇던 삶에서 의미와 가치를 추구하게 됩니다. 즉, 위기가 삶의 방향을 전환하는 '터닝포인트turning point'가 됩니다.

중년기 위기는 아버지들에게 신앙적 회복, 아내와 자녀 등 가족과의 관계 회복, 그동안 잃어버렸던 진정한 내 자신을 되찾는 자기 회복의 기회이기도 합니다.

성취 중심의 삶에서
관계 중심의 삶으로

성경은 위기의 순간에 하나님을 깊이 만나고 하나님의 은혜를 체험한 야곱이 경쟁적인 사람에서 관계를 중시하는 사람으로 바뀌는 것을 보여줍니다. 그는 먼저 자신이 속여서 장자권을 빼앗았던 형 에서와 화해합니다. 화해를 위해 그동안 힘들게 모았던 많은 재물을 에서에게 양도합니다. 그는 재물보다 관계 회복을 택합니다. 야곱은 성취 중심적인 사람에서 관계 중심적인 사람으로 바뀌었습니다.

에릭슨에 따르면 중년기의 발달 과업은 '생산성'이라고 합니다. 중년기는 다음 세대를 잘 돌보는 헌신이 필요한 시기라고 합니다. 어떻게 하면 다음 세대에게 잘 나눠주고 돌볼 수 있는지 배우는 때라고 했습니다. 이 과제를 잘 수행하면 자녀와 친밀감을 형성하며 자신을 성장시킬 수 있고, 노년기에 자아 통합을 이루고 지혜롭게 살 수 있습니다.

그러므로 중년기 아버지들의 가장 큰 숙제는 그동안 일 때문에 소홀히해왔던 자녀와의 관계를 회복하는 것입니다. 이것이 다른 어떤 것보다도 우선시 되어야 합니다. 그동안은 아버지 자신의 성공과 성취를 위해 시간과 노력을 쏟아왔다면, 이제는 다음 세대인 자녀들을 돌보고 자신의 것을 나눠주기 위해 노력해야 합니다. '자식을 위해 일해왔는데 자식에게 서운하다'가 아닌 '자식을 위해 일해왔지만 자식에게 미안하다' 이런 마음이 필요합니다. 자녀에게 대가를 요구하기보다는 자녀의 필요를 알고 적극적으로 지원하는 것이 필요합니다. 자녀의 필요에는 경제적인 뒷받침은 물론 격려와 지지, 인정 등 심리적인 지원도 포함됩니다. 자녀가 아버지에게 필요로 하는 것은 무엇보다도 아버지의 인정과 격려입니다. 그것이 있어야 자신감이 생깁니다.

부모가 중년기 때 자녀는 대체로 고등학생이거나 대학생에 해당하는 나이인 경우가 많습니다. 이 시기의 자녀들은 부모로부터 간섭을 받지 않고 지원만 받으려는 경향이 있습니다. 필요할 때만 부모를 찾는 경우가 많습니다. '이 녀석은 필요할 때만 나를 찾는구나' 하고 섭섭해하지 마십시오. 이 나이 때의 당연한 현상입니다. 후히 주되 대가나 보상을 바라지 마십시오. 무조건적 사랑이란 자식이 부모에게 행하는 것이 아니라 부모가 자식에게 주는 대가를 바라지 않는 사랑입니다. 부모의 조건 없는 사랑을 받고 자란 자녀는 성숙한 사람으로 자라고 부모에게 잘할 수밖에 없습니다.

건강한 권위,
아버지에 대한 긍정적 경험이 있어야 자녀는 성장합니다

　자녀가 건강하게 자라기 위해서 반드시 필요한 세 가지의 부모 역할이 있습니다. 첫 번째는 자녀에게 '내가 누구인가'를 알 수 있도록 해주는 '거울 역할'의 대상입니다. "너는 이런 아이야", "네 생각이 이렇구나. 그거 좋은 생각이다", "너는 나와 다르게 느끼는구나. 네 입장에서는 그럴 수도 있겠다"처럼, 자녀를 있는 그대로 인정하고 사랑하고 격려해주는 반응이 바로 자녀에게 '내가 이런 사람(존재)임을 느끼게 해주는 부모의 거울 역할'입니다. 거울 역할을 하기 위해 아버지는 자녀를 대할 때 자기 중심이 아니라 자녀 중심에서, 자녀의 관점에서 자녀를 바라보는 훈련이 필요합니다.

　영민 씨는 "나는 앞으로 이걸 하고 싶어요. 이걸 하면 전망이 있을 것 같아요" 하고 자신의 의견을 피력했다가, "너는 사내자식이 왜 그렇게 꿈이 작아! 좀 더 큰 꿈을 가져라"라는 아버지의 한마디에 자신감을 잃고 말았습니다. 결국은 꿈을 포기하고 아버지의 기대에 맞추려고 애쓰다가 '성공도 실패도 경험하지 못한' 영민 씨처럼, 마치 남의 삶을 대신 사는 듯한 무력감을 느끼는 자녀들이 많습니다.

아버지가 보기에는 좀 부족해 보인다 싶어도 자녀의 입장에서는 그것이 최선일 수 있습니다. "넌 더 노력해야 해. 그 정도로는 이 경쟁적인 세상에서 결코 살아남을 수 없어." 이런 말은 자녀가 노력하기보다는 도리어 포기하고 싶게 만듭니다. "너는 잘하고 있어. 더 잘하려고 노력할 필요 없이 지금처럼만 하면 좋겠구나." 이런 격려와 인정의 말이 자녀가 자신의 꿈을 향해 더 노력할 수 있게 하는 원동력이 됩니다.

두 번째는 자녀가 건강하게 성장하기 위해서 '바라볼 대상', '이상화 대상'이 필요합니다. 즉, 자녀가 신뢰할 수 있는 부모입니다. 방황하고 갈등할 때 또는 어디로 가야 할지 혼란스러울 때 인생의 방향을 안내하는 멘토와 같은 역할을 해줄 부모가 필요합니다. 아버지는 자녀가 바라볼 이상화 대상입니다. '나는 아버지를 존경해요. 나도 아버지처럼 살고 싶어요.' 이런 생각을 하게 만드는 아버지를 둔 자녀는 행운아입니다. 자녀들은 아버지를 존경하고 싶어 합니다. 자녀가 힘들어 짜증을 내거나 화를 낼 때 똑같이 화를 내거나 그보다 더 화를 내는 아버지가 아닌, 부드럽게 "네가 요즘 짜증을 자주 내고 화를 내는 것을 보니 많이 힘든 모양이구나. 무엇 때문에 그렇게 힘든데?" 이렇게 화를 부드럽게 다루어줄 수 있는 아버지를 자녀는 존경합니다.

세 번째는 자녀가 자신과 '동일시 할 수 있는 대상', 즉 자녀와 눈높이를 맞춰줄 부모가 필요합니다. 공감할 수 있는 부모 역할입니다. '아버지는 나와 생각하는 것이 달라도 너무 달라. 완전 다른 세계에 사는 사람 같아. 공감대가 전혀 없어.' 자녀가 아버지에 대해 이런 생각을 갖고 있는 한 아버지는 자녀에게 어떤 긍정적인 영향도 미칠 수 없는 단절된 상태에 놓이게 됩니다. 아버지로부터 긍정적인 영향이나 도움을 받을 수 없는 자녀는 성장할 수 있는 에너지를 공급받을 수 없습니다.

「즐거워하는 자들과 함께 즐거워하고 우는 자들과 함께 울라」(로마서 12:15). 이 말씀을 기억하십시오. 자녀가 즐거워할 때 "아니야, 아직 즐거워하기는 일러" 이렇게 근심 어린 마음으로 보거나, 자녀가 울 때 "울지 마"라고 반응하는 것이 아니라 자녀의 성취에 함께 즐거워하고 자녀의 실패에 함께 아파해주는 부모를 경험할 때 자녀는 성공에 자만하지 않고 실패에 좌절하지 않는, 수용하고 통합하는 인격으로 성장해가게 됩니다.

자녀의 거울이 되어주는 부모, 자녀의 멘토가 되어주는 부모, 자녀와 함께 공감해주는 부모, 이것이 다음 세대인 자녀를 성장시키는 건강한 권위의 조건입니다. 건강한 권위로서의 아버지

의 자리를 회복하고 고수하는 것, 이것이야말로 중년기 아버지
가 해야 할 진정으로 중요한 과업입니다.

중년기 위기는 아버지들에게 신앙적 회복,
아내와 자녀 등 가족과의 관계 회복,
그동안 잃어버렸던 진정한 내 자신을 되찾는
자기 회복의 기회입니다.

PART
4

삶의 후반기

STEP
11

제2의 출발

인생 후반전을 위한 준비

> **"**
>
> 이제 내가 너를 바로에게 보내어 너에게 내 백성
> 이스라엘 자손을 애굽에서 인도하여 내게 하리라.
>
> 출애굽기 3:10
>
> **"**

인생 전반전이 성공과 성취를 위해 달려왔던 삶이라면 인생 후반전은 의미와 가치를 추구하는 삶이어야 합니다. 제2의 인생의 성공적인 출발을 위해 준비해야 할 것이 무엇인지 알고 계획하는 것이 필요합니다.

"당신은 은퇴 이후의 삶, 인생 후반전에 대한 구체적인 계획
을 세워두셨습니까?"

오늘날은 과거에 비해 평균수명이 매우 길어졌습니다. 우리
나라 사람들의 평균수명은 대략 80세 가까이 되고, 이전보다 훨
씬 건강하게 삽니다. 직업에 따라 다르기는 하지만 기업체나 공
무원 등 대부분의 직장에서는 60세를 전후해서 직장을 그만두
게 되고, 은퇴 후 약 20년 이상을 더 살아야 합니다. 이런 맥락
에서 볼 때에 '은퇴 이후의 삶'은 우리에게 매우 중요한 화두입
니다. 특히 베이비부머baby boomer, 1953-1963년 출생자들이 본격적인
은퇴를 하게 된 2012년도 이후부터 '은퇴 이후 어떻게 살아야 하
는지'는 우리에게 절실한 문제가 되었습니다.

그럼에도 불구하고 직장에 다니는 동안은 바빠서 은퇴 이후
의 삶에 대한 구체적인 계획을 세워두는 경우가 많지 않습니다.
고작해야 은퇴 이후의 경제적인 면에 대한 계획의 필요성을 느
끼고 있을 뿐입니다. 많은 사람들이 직장에서 나온 후에야 은퇴

이후의 삶에 대해 고민합니다. 그러다 보니 준비 없이 은퇴를 맞게 되고, 조급한 마음에 닥치는 대로 다른 일을 시도해보다가 그동안 힘들게 이뤄왔던 것조차 다 잃게 되는 어려움을 겪는 경우가 많습니다. 아니면 은퇴 이후의 무력감을 달래기 위해 술이나 다른 것들에 의존하고, 어떤 경우에는 우울증이나 화병이라는 정서적 어려움을 겪으며, 이로 인해 가족 관계가 어려워지고 심하면 이혼의 위기까지 이르게 되는 경우도 있습니다.

운동 경기에 전반전과 후반전이 있는 것처럼 우리 인생에도 전반전과 후반전이 있습니다. 전반전을 전력투구해서 달린 후 후반전을 성공적으로 뛰기 위해서 하프타임 halftime, 휴식 시간 이 필요한 것처럼, 우리에게도 인생 후반전을 성공적으로 살기 위한 하프타임이 반드시 필요합니다.

인생 전반전이 '성공'을 위한 삶이었다면,
인생 후반전은 '의미'를 위한 삶이어야 합니다

심리학자 융은 한 사람의 생애를 중년기를 기점으로 전반과 후반으로 나누어 이해했습니다. 전반까지는 에너지가 밖으로 활발히 뻗어나가는 시기라 외적인 성취와 성공이 중요한 관심사가 됩니다. 인생 전반기의 중요한 과제는 결혼과 취업과 직장에서의 성취입니다. 그러다 40대를 분기점으로 에너지의 방향은 자신의 내면을 향합니다. 즉, 자기성찰이 시작됩니다. 인생 전반에서 성취와 성공이 중요 관심사였다면 후반전에서는 의미와 가치가 주요한 관심사가 된다는 것입니다. 앞 장에서도 말한 것처럼 발달심리학자 에릭슨은 다음 세대를 돌보고 키우는 일이 중년기 이후의 가장 중요한 숙제라고 하였습니다. 그는 다음 세대를 키우는 일에 헌신하는 것이야말로 인생을 '생산적'으로 사는 가치 있고 의미 있는 일이라 생각하였습니다.

여러 사람들의 견해를 종합해볼 때, 인생의 후반전이란 의미와 가치를 추구하는 삶이어야 하며 외적인 성취와 내적인 자기성찰 간의 균형을 이루는 삶이어야 하겠습니다.

모세의 인생 후반전,
제2의 인생

성경에 나오는 인물 중에 모세만큼 인생 전반과 후반의 삶이

극명하게 구분되는 경우도 드뭅니다. 우리가 익히 알고 있는 것처럼 모세는 40세까지는 애굽의 왕자로 살았습니다. 그는 애굽 왕자의 신분으로 당대 최고의 교육을 받고 최고의 지위를 누리는, 소위 남들이 선망하는 '잘나가는' 인물이었습니다. 성공한 삶의 대표적인 모델이었습니다. 그러나 그는 이런 성공적인 삶이 행복하지 않았던 것 같습니다.

「믿음으로 모세는 장성하여 바로의 공주의 아들이라 칭함을 받기를 거절하고 도리어 하나님의 백성과 함께 고난 받기를 잠시 죄악의 낙을 누리는 것보다 더 좋아하고」(히브리서 11:24-25). 이 말씀과 같이 모세는 40세에 공주의 아들이라 칭함 받기를 거절하고 하나님의 백성과 함께 고난 받기를 선택했습니다. 이후 그의 삶은 이전과 크게 달라졌습니다. 애굽인을 죽이고 광야로 쫓겨났던 모세가 미디안에서 하나님의 부르심을 받고 제2의 인생을 시작할 때 그의 나이가 몇 세였습니까?

「이제 내가 너를 바로에게 보내어 너에게 내 백성 이스라엘 자손을 애굽에서 인도하여 내게 하리라」(출애굽기 3:10). 이스라엘 자손을 애굽에서 인도해낼 지도자로 하나님의 소명을 받았을 때 모세의 첫 반응은 자신 없음과 두려움이었습니다. 그의 나이는 이미 80세가 넘은 고령이었습니다. 새로운 일을 시작한다는 것은 큰 두려움이었을 것입니다. 더구나 왕자의 신분으로 있다가 쫓겨났던 애굽은 여전히 그를 해하려는 정적들이 남아 있는 곳이기도 했습니다. 그러나 만약 모세가 80세 이후에 하나님의 부름을 받고 자신의 생업의 현장을 떠나 출애굽의 지도자가 되는 대신에 미디안 광야에서 목자로서 평범한 삶을 마감했다면 그에 대한 세상과 하나님의 평가는 어떠했을까요?

인생 전반전에는 자아 성취와 성공을 위한 그리고 가족들을 부양하기 위한 '생존'의 삶을 살았겠지만 후반전의 삶은 달라져야 합니다. 보다 의미 있고 가치 있고 보람 있는 인생 후반전의 삶을 살려면 미리 계획하고 준비하는 것이 필요합니다.

광야의 삶,
후반전을 위한 준비

40세까지 왕자의 신분으로 살았던 모세는 미디안 광야로 쫓겨 갑니다. 그곳에서 평범한 목자로서 40년을 지냅니다. 이후에 모세는 이스라엘 백성을 애굽에서 구해낼 지도자로 부름을 받습니다. 이런 맥락에서 본다면 미디안 광야에서의 생활은 모세에게 새로운 삶을 준비하기 위한 하프타임, 즉 준비기라고 볼 수 있습니다.

미디안 광야에서의 삶이 모세에게는 어떤 의미였을까요? 모세는 그곳에서 왕자로서의 삶과 특권 의식을 철저히 내려놓았을 것입니다. 그곳에서 결혼해서 가정을 꾸리고 남편으로서, 아버지로서, 장인 이드로의 양떼를 치던 평범한 목자로서의 삶을 살았습니다. 사람들의 주목을 받거나 권력의 자리와는 거리가 먼 생활이었습니다. 세상적인 성공과는 거리가 먼 삶을 살았습니다. 그는 철저하게 고독하고 처절히 자신의 한계를 인식했던 삶을 살았을 것이라고 추측할 수 있습니다.

「내가 누구이기에 바로에게 가며 이스라엘 자손을 애굽에서 인도하여 내리이까」(출애굽기 3:11) 하나님께 제2의 인생을 시작하도록 부름 받은 시점에서 모세는 매우 자신 없는 모습을 보여줍니다. 자신의 동족을 괴롭히던 애굽 사람을 쳐죽이며 혈기왕성한 '의분'을 보이던 모습과는 매우 대조적인 모습입니다. 자신의 한계를 인식했을 때의 매우 '낮아진' 모습입니다.

여기서 모세의 인격적 성숙이 느껴집니다. '마음만 먹으면 뭐든 내 마음대로 다 할 수 있다'는 태도에서, '이 일은 내 한계를 넘는 일입니다' 하는 신중함이 느껴집니다. 40여 년의 광야 생활이 세상적으로는 실패한 것처럼 보이지만, 그는 바쁘고 분주한 생활이 아니라 고독하고 한가한 시간을 통해 내적인 성찰을 갖고 인격적인 성장을 이룹니다. 지도자에게 가장 필요한 자질인 인내와 겸손과 같은 덕목을 갖추게 됩니다.

모세는 이 기간을 통해 '자기 중심적인 삶'에서 벗어나 '하나님 중심적인 삶'으로 영적인 도약을 이룹니다. 「내가 반드시 너와 함께 있고 너에게 할 말을 주고 행할 일을 가르치고 능력을 주겠다」(출애굽기 3:12-4:17)는 약속을 붙잡고 모세는 '이스라엘의 지도자'라는 제2의 인생을 시작하게 됩니다.

여기서 볼 수 있는 것처럼, 제2의 인생을 시작하기 위한 하프 타임은 그동안 무작정 추구해왔던 성공과 성취, 일이라는 가치를 내려놓고 '진정으로 의미 있고 가치 있는 것이 무엇인가?'에 대해 성찰하는 기간입니다. 우리에게는 외적이고 피상적인 삶에서 탈피하여 내면의 목소리를 듣는 시간이 필요합니다. 그동안은 가장으로서 처자식을 위해 살아왔던 생존의 삶에서 이제는 내 자신이 진정 원하는 삶, 나에게 의미 있고 가치 있는 일이 무엇인지 숙고하고 그것을 위해 나아가는 '존재적 삶'이 되어야 할 것입니다. 그동안 먹고 사는 일에 바빠 하고 싶어도 못하고 밀쳐두었던 관심사나 묵혀두었던 재능과 취미 등에도 눈을 돌려 자기계발에 힘쓰는 시기이기도 합니다.

물론 새로운 삶, 제2의 인생을 시작하려 할 때는 누구나 두려움을 느낍니다. 이제까지 입어왔던 익숙한 옷을 벗고 새로운 옷을 입는다는 것은 낯설기도 합니다. '이 나이에 새삼 뭘 할 수 있겠어. 그냥 살아왔던 대로 사는 게 편하지' 이렇게 생각하고 은퇴 이후의 삶을 준비 없이 보낸 사람들은 뒤늦은 후회를 합니다. '은퇴 이후의 삶이 이렇게 길 줄 알았다면 그때 뭔가 새롭게 시작할 준비를 했어야 했는데…' 이런 후회를 하는 분들을 주변에서 많이 봅니다.

반대로 제2의 인생으로 성공적인 도약을 이루고 보람찬 후반기를 보내는 분들도 많이 있습니다. 명진 씨는 인생 전반전을 금융회사에서 일했던 유능한 금융맨이었습니다. 그러던 그가 40대 중반에 돌연 회사에 사표를 내고 대학원에 진학해서 학위를 받고 해외 선교사로 지원했습니다. 그는 그곳 대학에서 경영학을 가르치는 교수이자 선교사로 열정적으로 일하고 있습니다. "회사에 다닐 때는 생활적인 면에서는 풍족했지만 마음 한구석에 채워지지 않는 뭔가가 있었는데, 지금은 몸은 힘들고 생활 여건은 한국보다 힘든 게 사실이지만 전혀 힘들다고 느껴지지 않습니다. 내가 좋아하는 일을 해서 그런 것 같아요." 명진 씨의 말입니다.

창우 씨는 회사에서 은퇴한 후에 이전과는 전혀 다른 삶을 살고 있습니다. 그는 자녀들이 어렸을 때 회사 일에 바빠 자주 놀아주지 못했던 아빠였습니다. 자녀들이 십대 때까지는 고분고분 말을 잘 들었는데 청년기가 되면서부터 관계가 매우 힘들어졌습니다. "아버지들은 마치 멈추지 않는 열차를 탄 사람 같아요." 그는 인생 전반기의 아버지의 삶을 이렇게 묘사합니다. 그러면서 아버지와 아들은 가까이 있어야 하는데 그렇지 못하니 자연히 멀어질 수밖에 없다며 안타까움을 토로했습니다. 그는 인생의 멘토로서 자녀들과 좋은 관계를 맺고 자녀들이 앞으로의 인생을 잘 살아가는 데 도움이 되는 아버지이고 싶었습니다. 그러나 바람과는 달리 자녀들은 아버지와 대화가 안 통한다고 피하기만 했습니다. 창우 씨는 자신이 자녀를 대하는 방법이 뭔가 잘못되었음을 깨닫고 자녀 교육에 관한 공부를 하기 시작했습니다. 공부를 하면 할수록 흥미를 느끼고 심취하여 깊이 몰두했고, 지금은 이 분야의 전문가로서 자녀들과의 관계에서 자신이 겪었던 어려움을 되풀이하지 않도록 다른 부모들을 돕는 부모 교육 강사로 활발히 활동하고 있습니다.

자신을 성찰하고, 관계들을 되돌아보아 관계 회복에 힘쓰며,

자신의 한계를 겸허히 받아들이고 하나님과의 관계에서 영적인 성숙과 도약을 이룰 수 있는 인생 후반기는, 우리의 인격이 '영글어 가는' 시기라 할 수 있습니다.

인생의 후반전은 의미와 가치를 추구하는 삶,
외적인 성취와 내적인 자기성찰 간의 균형을
이루는 삶이어야 합니다.

STEP
12

인생의
아름다운 마무리

최종 목적지에 잘 도착하기 위하여

> ##
> 야곱이 아들에게 명하기를 마치고 그 발을 침상에
> 모으고 숨을 거두니 그의 백성에게로 돌아갔더라.
>
> 창세기 49:33
>
> 55

인생의 시작이 있으면 끝도 있습니다. 인생을 잘 사는 것도 중요
하지만 인생의 마무리도 중요합니다. 노년기의 삶의 의미를 되
새겨보며, '죽음'이라는 최종 목적지에 잘 도착하기 위하여 그리
스도인이 가져야 할 태도는 무엇인지 생각해봅니다.

「요셉이 자기 아버지 야곱을 인도하여 바로 앞에 서게 하니 야곱이 바로에게 축복하매 바로가 야곱에게 묻되 네 나이가 얼마냐. 야곱이 바로에게 아뢰되 내 나그네 길의 세월이 백 삼십 년이니이다. 내 나이가 얼마 못 되니 우리 조상의 나그네 길의 연조에 미치지 못하나 험악한 세월을 보내었나이다 하고 야곱이 바로에게 축복하고 그 앞에서 나오니라」 (창세기 47: 7-10)

야곱의 생애는 잉태부터 임종까지 성경에 기록되어 있으며, 그의 가족사 역시 자주 언급되는 이야기입니다. 야곱은 우리와 마찬가지로 흠이 많고 연약한 인물이었으며, 그의 생애는 수많은 굴곡과 어려움으로 점철되어 있습니다. 그럼에도 불구하고 야곱은 인생의 위기 때마다 하나님의 약속을 붙잡고 하나님을 의지했습니다. 그는 삶의 중요한 고비마다 하나님의 은혜와 도우심을 경험했고, 이를 통해 신앙과 인격이 변화되어간 대표적인 인물입니다. 야곱은 삶의 현장에서 말씀을 따라 사는 생활 훈련을 철저히 경험한 사람이었습니다. 그 결과 마침내 성숙한 신앙과 인격을 지닌 사람으로 변화되고 성화되었습니다.

야곱은 말년에 죽은 줄로만 알았던 아들 요셉을 만나고, 애굽왕 바로도 만나게 됩니다. 이때 야곱은 영적으로 매우 성숙한 모습을 보여줍니다. 당시 초강대국의 왕 앞에 머리를 숙이고 경의를 표하며 축복을 받아야 함이 마땅함에도, 오히려 야곱이 바로왕을 축복한 것입니다. 야곱의 아들들은 바로를 「내 주」라고 칭했지만, 야곱은 그런 말을 사용하지 않았습니다. 오히려 애굽의왕 바로 앞에서 축복자로 서서 「내 나이는 백삼십 년」이며 「우리조상보다 오래 산 것은 아니지만 험악한 세월을 보냈다」고 당당하게 말합니다. 그 험악한 세월을 살아온 결과 그는 축복자로 선 것입니다. 이는 야곱이 어려운 일을 많이 겪었지만 하나님의 은혜로 복된 인생을 살았다는 확신을 가진 사람이었음을 암시해줍니다.

만일 우리에게 지금 죽음이 임박해 있다면, 우리는 자신의 인생에 대해 어떤 결론을 내릴 수 있습니까? 야곱처럼 인생 말년에 축복자가 되기 위해, 즉 영적으로 성숙한 자가 되기 위해서우리는 앞으로 어떻게 살아야 할까요?

노년기에 이루어야 할 중요한 발달 과제는 '통합integrity'입니다. 통합이란 자신의 인생을 되돌아보면서 '좋고 나쁜 일도 많았지만 그래도 성공적이고 의미 있는 인생을 살았다'고 긍정적인 결론을 맺는 태도를 말합니다. 이런 태도로 임할 때 우리는 죽음도 두려워하지 않고 편안한 마음으로 맞이하게 됩니다. 하나님을 믿는 그리스도인들은 인생의 성공과 실패를 다양하게 경험하며 즐겁고 아픈 기억들이 많이 있음에도 우리 인생 가운데 하나님의 개입과 인도하심이 있었고, 하나님의 은혜 안에서 우리 인생이 풍성했음을 고백할 수 있게 됩니다. 그래서 믿음은 노년기의 심리적 과제인 통합을 이루는 중요한 자원이 됩니다.

믿음 안에서 통합을 이룬 사람을 일컬어 '지혜자'라고 말합니다. 우리나라의 저명한 학자인 김형석 교수는 정신적 성장과 인간적 성숙은 한계가 없고, 인생의 진정한 황금기는 60~75세라고 말했습니다. 야곱처럼 인생의 '쓴맛 단맛'과 '산전수전'을 다 겪고 이 모든 경험을 내 안에서 잘 통합했을 때 진정한 지혜자가 될 수 있습니다. 노년기의 과제는 성공이 아니라 지혜자가 되는 것입니다.

  '나이를 먹는 일'은 누구에게나 찾아옵니다. 그렇지만 우리 사회는 나이 드는 것을 싫어하며 어떻게든 젊게 보이려고 애를 쓰고 있습니다. 노인에 대한 이미지 역시 별로 좋지 않습니다. 노쇠한 외모에 '고집스러움'과 '완고함' 등이 노인에 대한 일반적 생각인 경우가 많습니다. 그렇지만 우리는 이미 인구의 15퍼센트 정도가 노인인 고령화 사회에 접어들었습니다. 전문가들은 2050년에 우리나라의 노인 인구 비율이 세계 2위가 될 것이라는 전망을 내놓고 있습니다. 그러므로 '어떻게 나이를 잘 먹어야 할까?', '우리의 노년기의 모습은 어떠해야 할까?' 이것은 우리의 현실적인 당면 과제이자 고민입니다.

  노년의 자화상과 관련해서 우리가 본받아야 할 인물이 바로 야곱입니다. 노년기의 야곱은 매우 당당하고 영적으로 성숙한 모습을 보여줍니다. 그는 세상적인 눈으로 볼 때 소위 '쥐뿔도 없는' 사람이었습니다. 어떤 지위도 타이틀도 없는 이민자 노인에 불과했습니다. 그런 그가 당시 세상의 중심이었던, 지금이라면 아마 미국의 대통령에 빗댈 수 있을 애굽 왕 바로 앞에 섰는

데도 전혀 주눅 들지 않고 당당하게 나아가 그를 위해 축복기도를 했습니다. 당시의 관례에 따르면 축복기도는 '윗사람이 아랫사람에게' 해주는 행위라고 합니다. 그가 이렇게 당당할 수 있었던 힘이 어디에서 나왔을까요? 그것은 바로 신앙적 성숙에서 비롯되었을 것입니다.

'속여서라도 빼앗고', '움켜쥐고', '쟁취하는' 사람이었던 야곱이 노년기에 어떻게 이런 인격적 성숙과 영적 성장을 이루게 되었을까요? 그것은 '잃음'에서 터득한 것이 아닐까 합니다. 야곱은 130세를 살아오면서 험악한 세월을 살았다고 고백합니다. 그의 말년은 상실로 점철되어 있습니다. 사랑하는 아내를 잃고, 총애해마지 않던 아들 요셉도 애굽에서 재회하기 전까지는 죽었다고 생각하며 살았습니다. 거듭되는 기근에 먹고사는 일조차 구차한 상황에 처합니다.

이처럼 우리의 노년기도 잃음의 연속입니다. 젊음도 건강도 돈도 지위도 권력도 잃어가고 사랑하는 가족이나 배우자를 잃는 경험을 합니다. 노년기의 주요 과제인 통합을 잘 이루기 위해서는 이런 상실에 대한 수용이 필요합니다. 다시 말해 잃어버리게 되는 것에 대한 집착이 아닌 '받아들임의 태도'입니다. 대부분의 사람들은 잃는 것을 두려워합니다. 특히 그것이 자신을 지탱해주었던 '힘의 원천'이라고 생각하는 사람들은 더더욱 잃는 것을 두려워하고 움켜잡으려고 합니다.

그러나 잃음을 통해 얻게 되는 것이 있습니다. 어떤 것은 반드시 '버려야' 얻을 수 있습니다. 고통을 경험하지 못한 사람은 고통당하는 사람을 마음으로 이해할 수 없습니다. 공감·경청·긍휼·인애와 같은 우리 인격의 고상한 측면은 고난과 고통이라는 연단을 통해서 빚어질 수 있습니다. 야곱의 고백처럼 험악한 세월을 통한 오랜 시간의 고난과 연단이 야곱을 인격적으로 성숙하게 하는 데 일조했을 것입니다.

'더 이상 잃을 게 없는' 최악의 상황에서 우리는 더 많은 것을 얻습니다. 가장 나쁜 조건에서 자신이 가진 최상의 것을 발견할 수 있습니다. 인생의 쓴맛을 통해 진정한 단맛을 알 수 있습니다. 행복하고 가치 있는 삶이 무엇인지를 깨닫게 됩니다. 이것이 진정한 삶입니다.

그런데 어떤 사람들은 건강이나 지위, 사랑하는 사람을 잃는 것과 같은 고통 앞에서 성숙의 길로 나아가는 것이 아니라 오히려 화병·우울·술 등으로 퇴보하고 망가집니다. 이 둘의 차이를 가져오는 것은 무엇일까요? 그것이 바로 신앙의 힘입니다. 하나님과 함께할 때 고통을 견뎌내는 힘이 생기고, 자신에게 잃어나

는 원치 않는 고통이 「합력하여 선을 이루게」 되고 (로마서 8:28),
「단련」을 통해 「순금 같이 되는」 성장의 길로 나아갈 수 있습니
다 (욥기 23:10).

인생의 아름다운 마무리는
'사랑'이 있는 삶입니다

그렇다면 우리 인생의 아름다운 마무리는 어떠해야 할까요?
건강도 지위도 재산도 사랑하는 가족도 다 떠나고 나면 우리에
게 남는 게 무엇일까요? 다산茶山 정약용丁若鏞, 1762-1836은 유배지
에서 아들에게 편지를 보내 '재산을 모으는 것보다 남을 위해 베
풀 것'을 권면했습니다. 재산은 없어지지만 베푼 것은 남기 때문
입니다. 우리는 지인의 장례식에서, 떠난 고인이 생전에 나에게
베풀어주었던 호의나 사랑을 떠올리며 그를 추억합니다.

"만약 인생을 되돌릴 수 있다면 젊은 날로 되돌아가고 싶지
않습니다. 그때는 생각이 얕았고 행복이 뭔지를 몰랐습니다. 지
나고 보니 인생의 황금기는 철없는 청년시절이 아니었습니다.
소중한 것을 진정으로 깨달을 수 있었던 시절은 60~70세였습니

다. 만약 다시 돌아갈 수 있다면 60세로 돌아가고 싶습니다. '몇 살까지 살고 싶나?' 물어본다면 정신적으로 성장할 수 있고 다른 사람을 도울 수 있을 때까지 살고 싶습니다. 나이가 드니까나 자신과 소유를 위해 살았던 것은 다 없어집니다. 남을 위해 살았던 것만이 보람으로 남습니다. 사랑이 있는 고생만큼 행복한 것은 없습니다. 가장 불행한 것은 사랑이 없는 고생입니다."

노학자 김형석 교수의 고백입니다. 죽음이라는 종착점에서 바라본 아름다운 삶의 모습은 바로 사랑이 있는 삶이며, 사랑이 가장 중요하다는 깨달음입니다. 사람들은 삶에서 큰 상실감에 빠졌을 때 사랑의 중요성을 깨닫습니다. 사랑이야말로 우리가 진정으로 소유하고 간직하고 떠날 때 가지고 갈 수 있는 유일한 것입니다. 또한 남겨진 사람들에게는 대를 이어 물려갈 수 있는 유산입니다.

'아름다운 삶' 못지않게
'아름다운 죽음'도 중요합니다

인생의 시작이 있다면 끝도 있습니다. 인생의 끝은 죽음입니다. 그러나 믿는 사람들에게는 죽음이 끝이 아닙니다. 성도의 영혼은 죽음을 통하여 하늘에 있는 영원한 집으로 돌아가는 것입니다(히브리서 11:16). 인생을 마무리하는 죽음 앞에서 어떠한 태도를 취하느냐는 매우 중요합니다. 죽음이 임박한 사람들에게 죽음을 잘 맞이하도록 돌보는 것 역시 그들에게 매우 큰 위로와 힘이 되는 중요한 일입니다.

죽음을 맞게 될 때 사람들의 일반적인 첫 반응은 죽음을 부정하는 것입니다. 죽음을 받아들이려 하지 않습니다. 그 다음 단계는 '왜 나에게 이런 일이?' 하면서 분노를 경험합니다. 그리고 나서 죽음을 인식하고 우울해집니다. 마지막 단계가 수용의 단계입니다. 어떤 사람들은 임종의 순간에조차 죽음을 받아들이려 하지 않거나 분노하거나 우울해합니다. 그러나 하나님을 신실하게 믿는 사람은 죽음을 하나님의 뜻으로 받아들이면서 마지막 단계인 수용으로 접어듭니다. 죽음을 두려워하거나 부인하지 않고 그대로 받아들입니다. 왜냐하면 하나님의 약속에 대한 믿음과 소망이 있기 때문입니다.

인생에서 죽음은 우리 모두에게 찾아옵니다. 그리고 순서가 없습니다. 우리는 늘 죽음을 준비하면서 살아야 합니다. 그러나 죽음을 하나님의 나라로 돌아가는 관문으로 생각한다면 죽음을 맞이하는 순간은 기쁨과 소망의 시간이기도 합니다.

교황 요한 바오로 2세 Pope John Paul II, 1920-2005 는 "나는 행복했습니다. 여러분도 행복하십시오"라는 말을 남기고 눈을 감았습니다. "나는 지금까지 후회 없는 삶을 살았습니다. 행복한 삶을 살았습니다. 이제 하나님의 영원한 품으로 돌아갑니다." 자신의 임종 앞에서 이런 말을 할 수 있게 되는 것이 죽음을 앞둔 우리 모두의 바람일 것입니다. 이 세상에서 후회 없는 삶, 행복한 삶, 하늘의 상급이 있는 삶, 그것은 바로 '사랑이 있는 삶'입니다. 사랑이야말로 아름다운 인생을 마무리하고 아름다운 죽음을 맞이하는 우리의 태도입니다.

죽음이라는 종착점에서
바라본 아름다운 삶의 모습은
바로 사랑이 있는 삶이며,
사랑이 가장 중요하다는 깨달음입니다.

인생
12개
학교

펴낸날 초판 1쇄 2016년 11월 28일 | 초판 2쇄 2016년 12월 20일

지은이 홍정길·박남숙

펴낸이 임호준
이사 홍헌표
편집장 김소중
책임 편집 박현주 | **편집 4팀** 김보람 전설
디자인 왕윤경 김효숙 정윤경 | **마케팅** 정영주 권소회 김혜민
경영지원 나은혜 박석호

인쇄 (주)웰컴피앤피

펴낸곳 북클라우드 | **발행처** (주)헬스조선 | **출판등록** 제2-4324호 2006년 1월 12일
주소 서울특별시 중구 세종대로 21길 30 | **전화** (02) 724-7677 | **팩스** (02) 722-9339

ⓒ 홍정길·박남숙, 2016

ISBN 979-11-5846-130-0   03230

• 이 도서의 국립중앙도서관 출판예정도서목록(CIP)은 서지정보유통지원시스템 홈페이지(http://seoji.nl.go.kr)와
  국가자료공동목록시스템(http://www.nl.go.kr/kolisnet)에서 이용하실 수 있습니다. (CIP제어번호:2016028051)

• 북클라우드는 독자 여러분의 책에 대한 아이디어와 원고 투고를 기다리고 있습니다.
  책 출간을 원하시는 분은 이메일 vbook@chosun.com으로 간단한 개요와 취지, 연락처 등을 보내주세요.

북클라우드 는 건강한 마음과 아름다운 삶을 생각하는 (주)헬스조선의 출판 브랜드입니다.